AF462304

CONSÉQUENCES
MÉDIATES
DES RÉVÉLATIONS PRIVÉES
de Mme. de Lalive d'Epinay.

A PARIS,

Se vend au profit des Pauvres,

Chez DELAUNAY, Libraire, Palais Royal, galerie de bois.

1818.

LETTRES

de Mr. de La Garenne,

SECOND FILS
DE L'ANCIEN INTRODUCTEUR DES AMBASSADEURS A LA COUR DE FRANCE,

A Mr. de Lalive,

(SON BEAU-PÈRE),

Neveu de Mme. *de Lalive d'Épinay,*

ET AUJOURD'HUI INTRODUCTEUR.

Avertissement.

On avouera que Mr. de Lalive s'est assurément montré bien peu jaloux de la considération publique, lorsqu'avec de la fortune et dans une position évidente, il a consenti, par excès d'avarice, à laisser publier les révélations inouies de Mme. de Lalive d'Épinay, sa tante, d'après laquelle le public apprend, avec tout le respect que commande une pareille confidence, que Mr. de Lalive d'Épinay, sur lequel elle semble n'avoir rien voulu laisser ignorer, a souillé jusqu'à sa couche nuptiale par les fruits désastreux de la plus honteuse dissolution, détestables faveurs, que sa malheureuse épouse entraînée, a bientôt propagées elle-même parmi ses amans.

Mr. de Lalive ne s'est pas montré plus digne de la considération, lorsqu'il a laissé divulguer encore, que ce même oncle, de sang froid et pour se soustraire à la tendresse importune de celle qu'il avait choisie et à laquelle il venait de s'unir en face des autels, a conduit le généreux compagnon de ses débauches, jusqu'auprès du lit conjugal, dans la ferme détermination de faire profaner, en sa présence, les droits de l'hymen.

Mais on a peine à croire que Mr. de Lalive ait porté le mépris de lui-même jusqu'à laisser publier en outre, et d'après la même autorité, non seulement que ceux-ci de sa famille étaient des joueurs forcenés et des bohémiens; ceux-là (son oncle et Mr. de Jully son père) des traitans sans délicatesse; mais encore, que Mme. de Lalive de Jully se prostituait avec des chanteurs, entr'autres.

Le public ne saurait être surpris désormais en apprenant que c'est Mr. de Lalive lui seul qui contraint aujourd'hui à publier des faits nouveaux, qui le déshonorent plus directement encore.

L'incroyable indifférence de Mr. de Lalive s'explique facilement il est vrai, si l'on ajoute, ce que Mr. de la Garenne n'a lui-même appris que tout récemment, que la branche aînée de cette famille, n'a pu trouver son salut qu'en faisant prononcer l'interdiction de l'oncle et du cousin de Mr. de Lalive, et que le père lui-même de ce dernier, est mort victime d'une longue aliénation.

Mr. de Lalive, frappé d'une trop juste appréhension, semble être sans doute plus à plaindre encore qu'à blamer, mais il n'en est pas moins cruel pour MM. de la Garenne, dans la famille desquels il s'est introduit à leur insçu, de se trouver les premières victimes d'une chance aussi difficile à prévoir qu'impossible à parer.

Comment méconnaître les tristes prémices de ces désordres en quelque sorte devenus héréditaires à l'égard de Mr. de Lalive, lorsque, sacrifiant tout au desir de satisfaire à une parcimonie qui paraît devenir le type de sa démence, on le voit contribuer à perpétuer la discorde entre la mère et les fils, leur nuire, resserrer ses liens avec ses propres ennemis, jeter enfin aux mains d'un étranger, les droits les plus légitimes de sa nouvelle famille (1), et pré-

(1) C'est à regret qu'on se détermine à rapporter quelques exemples secondaires des faiblesses de l'esprit de Mr. de Lalive, pris au hazard parmi tant d'autres, dans le détail de sa vie privée. C'est en effet une étrange méthode de soutenir son rang dans le monde, un état à la cour; que de ne savoir se déterminer à faire les frais du plus médiocre équipage; que de ne savoir se déterminer à acheter non plus qu'à souffrir les soins d'un seul serviteur à gages, et de revêtir de tems à autre et tour-à-tour, quelques malheureux journaliers, de la livrée et du riche habit de chasseur, destinés à figurer dans la cour du château, et à faire honneur aux princes étrangers.

S'agenouiller dix fois en un jour devant les autels, de la manière la

tendre qu'il peut fuir devant elle avec honneur, parce qu'il ose réclamer encore sa gratitude et ses respects.

Si on ajoute que par suite de ces inconséquences, les familles qui l'entourent se trouvent compromises entr'elles et compromises vis-à-vis du public, comment ne pas regretter que les lois destinées à garantir la société des désordres qui sont la suite de l'aliénation, ne puissent l'atteindre avant qu'elle n'ait frappé quelques victimes ?

Mais, quoiqu'il en soit, on saura quel est cet Introducteur des Ambassadeurs; quel est ce Mr. de Lalive; on répétera avec Mme. d'Épinay : « Ah! » c'est ce Mr. de Lalive qui est excellent; ces papiers » retrouvés l'assomment (Il s'agissait de restituer » 180,000 fr. à son propre frère). Il n'est pas bien » décidé, dit-il, que ce soient les véritables. Il » faudra les examiner de près. Quel homme!... »

plus édifiante en apparence, et cependant porter l'inadvertance jusqu'à renvoyer avec une sorte de dédains les indigens au pasteur à qui l'on n'a rien fait passer pour les secourir; porter encore la dureté jusqu'à réduire à la misère un vieux serviteur chargé de famille, depuis 40 ans accoutumé à la maison qu'il est contraint de déserter; ce sont là toutes manières d'agir dont la saine raison se refuse à approuver les contradictions. Elle semblerait encore ne pas s'arranger mieux de voir l'homme de cour, cédant à ses manies, s'introduire avec l'homme du peuple, et partager avec lui, sans façon, et grace à quelques centimes, le siège de la guinguette, le Moka indigêne sous l'échoppe, et le rasoir du *saigneur*.

LETTRES

de M.r de La Garenne,

FILS DE L'ANCIEN INTRODUCTEUR DES AMBASSADEURS A LA COUR DE FRANCE,

A M.r de Lalive,

SON BEAU-PÈRE,

AUJOURD'HUI INTRODUCTEUR.

> L'honneur outragé ne connaît pas de frein. Il doit entraîner dans sa propre chute tous ceux qui en sont la cause, sans qu'aucune considération humaine puisse l'arrêter. Mon nom appartient à ma famille et à mes descendans; je ne saurais le sacrifier à celui de mes ascendans qui seul l'a compromis.

PARIS,

Imprimerie de Dondey-Dupré,

Rue Saint-Louis, N°. 46, au Marais; et rue Neuve Saint-Marc, N°. 10.

1818.

PREMIÈRE LETTRE

ADRESSÉE CONFIDENTIELLEMENT

A Mr. de Lalive.

Ce qui serait révoltant de la part d'un étranger, est-il excusable de la part d'une mère ?

14 Mars 1818.

DEPUIS vingt-cinq années, Monsieur, je supporte, avec une résignation exemplaire, tout ce que la haine a de plus noir et de plus odieux. Fidèle aux devoirs de la nature, mon ame n'a point été ébranlée par les coups dont on m'a frappé. J'ai étouffé tous les ressentimens que des procédés indignes faisaient naître en moi, et un respectueux silence est tout ce que j'ai opposé aux injustices les plus criantes, aux outrages les plus affreux. Mais les coups redoublent, les insultes se multiplient, on me poursuit, on me persécute à outrance. La cour, la ville et les ministres connaissent en partie ma situation; ils attendent un éclat digne des intérêts de ma famille, et de la justice de ma cause. Je ne puis plus me taire : mon honneur est compromis.

Votre qualité de marin, votre titre de chevalier de St.-Louis, votre respect pour la religion, ce que je vous ai connu en un mot, me fait un devoir, avant tout, de vous adresser cette lettre.

Ce n'est pas que je ne sois accablé de mon sujet; mais on l'a voulu, on m'a mis dans la cruelle nécessité de parler; ce n'est pas moi, c'est Mme. de L. L... qui déchire le voile.

Écoutez, vous qu'un attachement, dont je devrais n'avoir qu'à me féliciter, a pu aveugler au point de méconnaître et mes droits et moi-même. Connaissez enfin la source de mes infortunes, ce qui m'a attiré l'inimitié de Mme. de L. L...; ce qui vous a rendu mon ennemi, et vous a fait injuste à mon égard. Voyez jusqu'à quel point une ame dépravée peut tyranniser les êtres dont l'aspect lui rappelle de honteuses erreurs, et jugez, avec impartialité, si j'ai droit de me plaindre.

Mme. de L. G..., depuis son divorce Mme. M***, aujourd'hui Mme. de L. L... (1), débuta dans le monde par une conduite légère en apparence, mais malheureusement en harmonie avec son caractère. Des inconséquences multipliées vinrent bientôt affliger l'excessive tendresse de mon père qui, exempt de reproches comme de tous mauvais procédés à son égard, vécut dans l'espérance que le tems et la raison raméneraient à ses devoirs l'objet de ses affections.

Cependant, dès les années qui précédèrent la révolution,

(1) Les lettres initiales L. G..., M..., L. L.., désignent la même personne, portant, selon les différentes époques, le nom de son premier mari Mr. de L. G..., son nom de demoiselle après son divorce, M..., et enfin celui de son second mari Mr. de L. L..., auquel sont adressées ces Lettres.

Mme. de L. G... usant de tout son ascendant sur mon père, sous le spécieux prétexte de donner l'hospitalité à un parent peu favorisé de la fortune, introduisit Mr. R... et sa famille au milieu de la nôtre. Alors Mr. R..., avec 2,000 fr. qu'il prétendait payer, partageait avec nous les avantages que procure la fortune. Tantôt à Paris, tantôt à L. G..., nos plaisirs devenaient communs à sa famille ainsi qu'à lui; et la maison se trouva successivement chargée de huit à douze personnes pour son compte.

Bientôt on découvrit le motif caché pour lequel Mme. de L. G... avait amené Mr. R... parmi nous. Des intérêts immoraux vinrent lutter contre nos propres droits. On rompit avec les siens, on spolia sa famille pour soutenir l'ingratitude la plus noire.

Fixez votre intention, Monsieur, sur ce qui suit, d'autant plus funeste pour moi, qu'il semble avoir été à-la-fois la cause et le prétexte qui ont abîmé mon existence entière.

Un nommé Antoine... né à Paris, le 23 avril 1789, se disant fils de Mr. Antoine R... et de Mme. ***, se recommanda à ce titre, au général sous lequel servait en Espagne Mr. M... R..., et obtint de ce dernier, à titre d'avance, remboursée depuis par Mr. R... père, les sommes nécessaires à son équipement, dans le grade d'officier qu'il venait d'obtenir. Deux sommes entr'autres de 50 à 60,000 fr. chacune, avaient été placées à différentes époques, l'une entre les mains de Mr. Lamarre, premier clerc de Me. Péan de St.-Gilles, notaire : elle fut retirée depuis par Mr. R... La seconde chez Mr. Renaud, maître de pension à Fontainebleau, qui en a fait banqueroute suivant ce qu'on m'a dit.

Cependant 1,100 fr. de rente viagère, seulement, lui ont été assurés depuis, en faveur du mariage qu'il a contracté avec la fille d'un comptable de l'ex-garde impériale. Sa conduite, par une conséquence nécessaire de son dénuement de famille, et de son peu d'éducation, n'est pas, dit-on, exempte de tout reproche. Elle a absorbé en partie cette ressource, et l'a fait passer successivement, depuis trois ans, d'une légion à la gendarmerie, et de cette arme dans le train d'artillerie à Vincennes.

Enfin, il est aujourd'hui dans la détresse; et, trompé par mon nom, il cherchait dernièrement, jusque dans mon parc, celle qui lui a donné le jour, pour tâcher d'attendrir son ame, et d'exciter sa compassion. Toutefois on lui fait passer mystérieusement de 30 à 40 fr. par mois, comme si ce sacrifice, ignoble pour de tels parens, aussi bien que la nouvelle carrière qu'ils viennent de lui faire embrasser, pouvaient le garantir des écarts dus à son éducation. Je me tais sur le lieu de sa retraite. Puissé-je n'avoir pas de soupçons trop fondés sur son origine! Mais mon malheureux père m'a laissé, avec l'extrait de naissance de ce jeune homme, des notes trop explicites à son égard, et la phrase ci-dessous, extraite de son testament, atteste à-la-fois, et sa délicatesse et ses doutes à cet égard (1).

(1) « Je ne reconnais pas d'autres héritiers qu'Alexandre F. C. H. T, de L. G... « et Amédée L. T. T. de L. G... mes deux seuls et uniques enfans, pouvant avoir

Ma délicatesse se trouve cruellement offensée, Monsieur, par de tels récits; mais je vous l'ai déjà dit, c'est mon honneur qui me force à m'élever contre Mme. de L. L..., et qui me prête le courage de suivre la chaîne de malheurs dont elle a accablé ma famille.

En 1792 et 1793, la nécessité des sommes disponibles commença à se faire sentir pour elle; on vendit pour 50,000 fr. de diamans et dentelles. Obligé d'en faire connaître à mon père, on prétendit avoir joué ou fait jouer. En définitif, tout avait disparu.

De nouvelles nécessités ne manquèrent pas de venir se succéder incessamment, et les circonstances ne devinrent malheureusement que trop favorables pour les satisfaire encore.

Mon père, à la tendresse prévoyante duquel je dois la rente viagère qui assure mon existence, et dont on n'a pu parvenir à me dépouiller, mon excellent père, (et qu'il me soit permis de rehausser à ce propos toute sa loyauté, sur laquelle des apparences trop malignement interprétées, ont pu jeter quelques

» peut-être d'autres noms de terre, mais n'en changeant pas pour cela de noms » de baptême : entendant qu'il n'y ait aucune autre personne qui puisse prétendre » à ma succession en aucune manière, les excluant en toute rigueur. Telle est ma » volonté dernière. *Signé* T. de L. G... »

Dans une de ces notes, mon père se rend compte *des suites du divorce qu'il se propose d'intenter pour cause determinée;* il y voit : *en faveur des enfans légitimes un obstacle à dénaturer les biens, et aux donations.* Il craint *qu'il ne résulte de sa plainte, la reconnaissance d'un état et d'un droit de successibilité à l'enfant.* Il paraît se décider par la réflexion qu'il fait : *que tôt ou tard cet enfant viendra redemander à sa mère, un état sur lequel il est nécessaire d'établir la vérité.* Sa détermination est enfin suspendue, par *l'idée des peines réservées par les lois*, etc.

doutes); mon père, si mal entouré, pouvait en réalisant la dixième partie de la fortune qui lui restait, rembourser et ses dettes, et les dot et reprises de Mme. de L. G..., toutes obligations devenues majeures pour lui, à raison de la perte qu'il venait d'éprouver de 5 à 600,000 f. de charges à la cour et de ses rentes sur l'état. N'écoutant que sa délicatesse, source de ruine dont je dois m'enorgueillir, il n'en agit point ainsi, et ne conçut qu'à l'évènement, que ces mêmes créanciers qui lui devaient en quelque sorte leurs créances, pouvaient avoir l'ingratitude et le peu de délicatesse d'exiger la vente de tous ses biens, immédiatement après la démonétisation des assignats, époque à laquelle la rareté du numéraire dépréciait les biens-fonds, dans la proportion des 5/6.

Pouvait-il concevoir que Mme. de L. G..., abusant de sa juste indignation contre ces mêmes créanciers, de son désir de conserver sa fortune à ses enfans, ne faisait opérer la séparation de biens qui a eu lieu alors entr'eux, que pour le chasser avec ces mêmes enfans de son patrimoine et du leur? Il en fut ainsi.

450,000 fr. de ses propres, furent rendus à Mme. de L. G... en nature; 360,000 fr. de biens-fonds, meubles, et de sommes privilégiées, complétèrent ses reprises.

Morale et révolution se contredisent. Toutes les digues étaient rompues.

Mme. de L. G... oublia bientôt que cette somme de 360,000 fr. qui, à elle seule, avait facilement couvert pour 1,400,000 fr. d'immeubles, était un dépôt sacré entre ses mains, qui devait assurer tout à la fois, dans un avenir plus propice, une partie du gage des créanciers, sa propre fortune et la nôtre. A peine en possession de sa fortune, c'est par des saisies, par des congés réitérés dont j'ai conservé les originaux, que des huissiers, nouveaux intermédiaires entre mari et femme, contraignirent mon père à sortir de chez Mme. de L. G... je veux dire de chez lui : « SI N'EÛT MIEUX AIMÉ SON DIT MARI, VOIR JETER SES » MEUBLES PAR LA FENÊTRE, OU BIEN OCCUPER L'APPARTEMENT » A L'ENTRESOL (1) », au-dessous du premier, qu'elle et Mr. R... habitaient en communauté.

Trop jeune encore, je suivis mon père infirme sous un toît étranger. J'ai partagé sa détresse, j'ai hérité de son affront : et combien de fois, depuis ce tems, les lois qui dérobent les lâches au ressentiment des hommes d'honneur, m'ont-elles paru contraires à l'équité ?

(1) L'effet dépassa la menace ; et Mme. de L. G... offrit le spectacle, non moins atroce qu'étrange, d'une femme emportée au-delà des bornes, et déterminée à dépouiller son mari, et à le réduire selon ses caprices. Elle ne craignit pas de faire crocheter ses portes en son absence, sous prétexte de faire voir son appartement ; elle fit ensuite saisir ses meubles et ses habits, et un gardien fut établi dans ce même appartement. Furieuse enfin, de la résistance qui lui fut opposée et par la loi, et par l'indignation, on la vit introduire elle-même la force armée qu'elle avait appelée contre un vieillard infirme, son mari, et contre son propre fils. Toutefois, à la plus simple explication de ces faits, aussi honteux qu'arbitraires, et qu'elle avait pu facilement dénaturer dans ses récits, les soldats, les huissiers et leurs recors, désabusés, l'abandonnèrent aussitôt en s'éloignant, au danger de ses torts, dont elle fut réduite à implorer la grace.

Je me rappelle que le commissaire se joignit à moi, pour abreuver de honte, jusque chez lui, le vil conseiller qui avait compromis son ministère, et qui payait ainsi, de la plus noire ingratitude, l'hospitalité que mon père avait offerte à sa nombreuse famille.

Tout ce que la séparation de biens avait mis de disponible entre les mains de Mme. de L. G..., fut bientôt épuisé. La terre de B... le V..., qui avait coûté 600,000 fr., sur laquelle elle avait une rente constituée de 2,200 fr. au capital de 60,000 fr., n'avait pas été acquise par elle, tant la nécessité pressait ! Et bientôt, pour vendre la terre de L. G..., et se passer de l'autorisation de mon père, encore indispensable malgré la séparation de biens, on fit prononcer un divorce honteux sans doute, puisqu'il n'avait aucun autre motif, et auquel mon père se prêta pour retirer son nom (1).

Cette terre qui portait notre nom, fut vendue 140,000 fr., sous prétexte d'acquérir l'abbaye de St.-Éloi, objet de bien moindre valeur.

Bientôt la maison de Paris fut encore vendue 140,000 fr., mais sous aucun prétexte, et de 11 à 1200,000 fr., en dernière analyse, 25,000 fr. seulement payés à-compte sur St.-Éloi, reparurent (2). Mr. R... quitta la maison; il en acheta lui-même une, et Mme. M... y fut reçue !!!

(1) La défaveur que l'opinion déverse sur le divorce, ainsi que sur les seconds mariages qui les suivent, doit rejaillir sur Mme. de L. L..., et sur vous, Monsieur, au plus haut degré, sans que la mort incidente de mon père puisse en atténuer l'effet; cette même défaveur appartenant toute entière, dans le divorce dont il s'agit, à celui des époux dont le motif a été de miner sa famille. Ce divorce diffère essentiellement de ceux prononcés depuis, sous l'empire d'une loi provoquée par de tels désordres, et d'après laquelle ils étaient devenus au contraire un moyen infaillible d'assurer la fortune aux enfans.

(2) Mme. de L. L... qui s'était engagée envers des tiers, à rembourser 15,000 fr. sur St.-Éloi, en sus des 25,000 fr. acquittés lors de l'acquisition qu'elle en a faite, a été poursuivie dernièrement pour l'exécution de cette condition; et on ajoute que, sur une nouvelle poursuite des mêmes tiers, l'attaquant pour fausse déclaration, Mr. de L. L... a été contraint à la remplir lui-même.

Partant de cette vérité, que lorsqu'il s'agit de porter la conviction, les preuves les moins importantes sont préférables aux plus beaux discours, aux raisonnemens les plus spécieux, je n'invoquerai pas seulement les écrits, d'après lesquels mon père établit qu'il a rendu à Mme. M... 450,000 fr. de propres et 360,000 fr. de biens-fonds, meubles et sommes privilégiées, estimés selon leur dépréciation à cette époque.

Je ne m'en tiendrai pas davantage à la propre écriture de Mme. M..., qui réclame en dernier lieu les arrérages de 2,200 fr. de rentes privilégiées sur B... le V..., ni même le procès-verbal de la saisie qu'elle fit faire à ce titre, des meubles restés en la possession de mon père, de son lit qu'il fallait dédoubler, lorsqu'elle le congédia du médiocre appartement qu'il occupait chez elle; mais l'extrait des hypothèques (1) sur la terre de B. le V..., les actes de liquidation, de vente et autres, sont les preuves légales dont il faut tirer la conséquence que Mme. M... n'avait à réclamer que 74,000 fr., et que les sommes ci-après, produit des objets ci-dessus désignés et dénaturés à vil prix, sont disparues de ses mains (2).

(1) « Extrait des inscriptions des créances hypothécaires, etc., etc., au profit » d'Agathe M. M., domiciliée rue Basse, chaussée d'Antin, etc., etc., contre C. C. » et T. de L. G..., domiciliés boulevard Cérutti, pour sûreté d'une créance de » 74,000 fr., frais de mise à exécution, intérêts et principal ainsi aliénés, résultant » d'un contrat de mariage, acte de liquidation, etc., etc.

(2) L'exactitude de mes assertions, la réalité des faits que j'articule, peuvent être contredites un moment, par des apparences de preuves; mais veuillez vous rappeler, Monsieur, l'offre que je vous fais, d'anéantir l'erreur, désormais volontaire, qui y puiserait sa source, devant toutes les clartés de la vérité.

		PRIX DES MÊMES OBJETS,		
		Selon leur acquisition.	Selon leur valeur actuelle.	Selon qu'ils ont été confiés à Mme. de L. L.
450,000 fr. propres rendus en nature sur le Gouvernement, réduits en tiers consolidé	fr. 150,000	fr. 150,000	fr. 150,000	fr. 150,000
Produit des deux ventes de l'hôtel d'Osmond, rue Basse, chaussée d'Antin	205,000	600,000	400,000	114,000
Produit de la vente de la Terre de L. G...	140,000	200,000	200,000	130,000
Remboursement de la rente de 2,200 l. constituée sur B. L. V..................	54,000	500,000	400,000	70,000
Mobiliers des Terres de la G... et Maison de Paris, estimés par huissiers-priseurs...	40,000	40,000	40,000	40,000
Je porte pour Mémoire le Bois de la Folleville, estimé 22,000 fr. ...... 22,000 fr.				
Le reste du Mobilier estimé..... 16,000				
Ces 2 objets restés entre les mains de Mme. de L. G.				
50,000 l. de Diamans doivent bien encore être rappelés 50,000				
TOTAL..... 88,000 fr.				
TOTAUX....	594,000	1,590,000	1,190,000	504,000
Dettes à payer ...	80,000	80,000	80,000	
Sommes qui devraient se retrouver	514,000	1,410,000	1,110,000	

L'objection déjà produite, tendante à faire croire que des créanciers inconnus se seraient présentés ultérieurement, tombe d'elle-même, et ne mérite pas plus de foi que le prétexte du jeu qu'on a voulu désigner, comme ayant absorbé le montant des 50,000 fr. de diamans et dentelles (1). Dans le fait, toutes créances notables non autorisées, et antérieures à la séparation de biens, étaient devenues nulles. Il faudrait croire que mon père et que ses créanciers auraient négligé de les présenter. Il faudrait croire que Mme. M... qui les avait souscrites, les aurait aussi oubliées elle-même, puisqu'elle ne réclamait que 74,000 fr. sur B... le V...

J'avais vingt ans; mon père, privé des secours que l'habitude de la fortune lui rendait si nécessaires, venait de mourir autant de chagrin que de maladie, sous un toît étranger, confié à des soins mercenaires auxquels se joignaient les miens.

Mme. M... était alors au milieu de tous ces biens, qui lui avaient été confiés pour une toute autre destination, avec cette famille étrangère qu'elle avait adoptée; mon père et ses enfans n'avaient plus de droits, n'étaient plus sa famille.

Ce que j'ai tenté, ainsi que mon frère, contre M^{r}. R..., n'a eu d'autre effet que d'accroître la haine de Mme. M...; *ma ruine est devenue pour elle une coupable passion, et ma déconsidération une affreuse nécessité.*

Quel autre moyen de neutraliser aux yeux du public tant de

(2) Sans parler des acquisitions qui avaient pu être faites pendant quinze ans de mariage, l'état des diamans donnés dans la corbeille, se monte à 48,500 fr.

honteux secrets, que d'appeler l'opprobre et la misère sur ceux qui pouvaient seuls avoir intérêt à les divulguer?

Ce dessein, grâce à Dieu, n'a point eu de succès, malgré tous les soins qu'on a pris pour me mettre dans l'impossibilité de montrer avec éclat la justice de ma cause, je suis enfin sorti du dédale où l'on m'avait placé. Ce que j'ai fait de bien est mon œuvre; le mal vient de mes ennemis, et si j'en appelle au public, si l'on m'y contraint, j'ai acquis par ma prudence la certitude de le faire avec succès. Cependant, bien que j'aie été le jouet d'une haine aveugle, je n'oserais écrire sur un tel sujet; je me croirais indigne, si je n'avais à extraire les phrases qui suivent, des diverses lettres successivement adressées à Mr. R... (1).

(1) Déjà, du vivant de mon père, et témoin de tant de procédés indignes, qui altéraient encore sa santé, et minaient sa vie jusque dans ses sources; ne concevant pas facilement qu'on restât chez lui contre sa volonté et malgré moi, j'avais prié ce Monsieur, le plus gracieusement du monde, d'en sortir. Cette petite politesse me valut un bon sermon à la manière de Tartuffe, toutes choses restant *in statu quo.*

J'étais jeune alors; la manie des sermons me gagna; j'en sentis toute l'utilité: celui que j'adressai, sans rappeller son exorde, finissait par des propositions si honorables, si définitives, par des promesses si frappantes, si victorieuses, que le Monsieur en demeura muet, toutefois tenace à l'excès.

Mon sincère repentir rachetera-t-il jamais l'inexécution de mes promesses?

Quelques années après, la correspondance prit un caractère de gravité, convenable à l'âge vers lequel j'avançais, et à l'importance des faits et gestes de Monsieur R... Entr'autres reproches amèrement exprimés, je lis ceux-ci:

« Vous avez su, homme honnête et trompé, entraînant ma mère loin de son » cœur, la condamner, pour racheter, en quelque sorte, vous et les vôtres, à refuser » un asile à son mari, à ceux de ses enfans qu'elle eût aimés, si vous n'eussiez » appelé sa tendresse sur vous et sur tout autre, dont je dois ignorer l'existence » par respect pour elle, et par pitié pour vous.

« Il vous eût été plus commode, pour parvenir à un but si loyal, de la faire divorcer,

Cependant, en apprenant avec le public que Mme. M... allait porter votre nom; fondé sur votre conduite antérieure, je conçus l'espoir que vous rempliriez cette condition sacrée du

» l'autorisation de mon père pour vendre les biens... vous gênait encore; vos qualités » bien aimables sans doute, l'ont dédommagée du poids de telles erreurs, etc. etc. »

Entr'autres expressions je retrouve ailleurs celles-ci : « *à quarante-cinq ans, on » n'est pas chatouilleux sur le point d'honneur quand on ne l'a jamais été.* Je » n'avance rien que je ne puisse prouver à ceux qui, selon vous, vous honorent » du titre de conciliateur, comme à ceux qui vous connaissent si séduisant, si » gracieux, si fin, etc., etc. Je suis du reste d'accord avec vous ; vous êtes venu » chez mon père tout exprès pour lui rendre service. Prié par lui et par nous d'en » sortir, vous y êtes resté pour nous rendre service. Vous ne vous êtes jamais permis » de conseiller ma mère, que pour accroître sa fortune ; vous avez toujours payé » votre loyer trop cher ; ma mère était bien maîtresse d'y mettre le prix. Enfin nous » sommes des ingrats, qui, méconnaissant vos bienfaits et l'éminence de vos » mérites, avons oublié le congé par huissier donné à notre père. Ce cher petit » Antoine donné à..... O tems ! ô mœurs ! »

« Nous devions, selon ma mère, pour votre bonheur et celui de votre famille, » nous embarquer, nous exiler, nous faire soldats ou même nous faire tuer, ce sont ses » propres paroles. Si elles n'étaient le fruit de vos conseils, Monsieur, comme ses autres » erreurs, indigné vous-même, vous l'auriez persuadée ou abandonnée. Tel était » le devoir de l'honnête homme ». (Cette lettre de moi a été signée par mon frère).

Une autre réplique, faisant suite et répondant à l'annonce d'un rendez-vous que le Monsieur consentait en apparence à accepter, mais qu'il remettait à un autre tems, parce que, disait-il, *il avait la fièvre*, lui apprend, « que je commence à » prendre quelque considération pour lui ; que le rendez-vous sera retardé puisqu'il » le faut. Comme vous êtes âgé et père de famille, ajoutais-je, il serait possible » qu'il convînt à quelqu'un des vôtres de venir à votre place. Recevez l'assurance » que je le trouverai bon, et qu'à lui comme à vous, vendredi comme tel autre » jour qu'il vous plaira de fixer, je...... ».

La fièvre, selon toutes les apparences, devait devenir continue ; en redoubler les effets ne me présentait ni gloire, ni profit : il était fort loin de mon cœur d'attenter à la vie non plus qu'à l'honneur des jeunes gens élevés avec moi, et qui m'avaient facilement laissé pénétrer leur opinion, d'accord avec la mienne sur les procédés de leur père. Il ne s'agissait que de déterminer la retraite de l'ennemi. Tel était le but de cette réplique, et de la menace que j'y avais jointe, d'imprimer la correspondance. Mais je n'avais que la franchise du jeune âge à opposer à l'expérience consommée de mon adversaire. Ne sachant trop comment tout cela second mariage, de rendre la mère aux enfans, les enfans à la mère, les ramenant chacun à leurs devoirs, quels que fussent leurs torts respectifs.

Combien ne fus-je pas trompé dans mon espoir, lorsque j'appris que vous approuviez, d'un aveu tacite, tout ce qui du passé était si notoire, et que, rejetant la famille du mari, vous adoptiez celle de Mr. R..., *chez qui vous êtes encore !!!*

De ma longue résignation, de mon silence, je vis sortir un ennemi de plus, d'autant plus dangereux qu'il était entouré de quelque considération.

Afin que les persécutions fussent sans terme, et pour se faire de vous, Monsieur, un puissant auxiliaire, on vous aura dit sans doute : mes enfans sont d'exécrables sujets; celui-ci m'a frappée, celui-là est un monstre de nature; j'ai tout fait pour eux; ma ruine est leur ouvrage. Je mourrais, s'il les fallait apercevoir.

Et personne n'était là pour vous dire : LEUR RUINE EST POUR ELLE UNE COUPABLE PASSION, LEUR DÉCONSIDÉRATION UNE AFFREUSE NÉCESSITÉ; VOUS POUVEZ VOUS ATTENDRE QU'ON LEUR PRÊTERA TOUTES SORTES D'INFAMIES.

finirait, toutefois muni d'armes à choix, je me hâtai d'aller au rendez-vous qu'il m'assigna, et M. le comte d'H.... voulut bien m'y accompagner.

Un vieillard de soixante-cinq ans s'y trouva seul, modèle des vrais chevaliers, plein d'honneur et de délicatesse : à peine lui eus-je fait quelques ouvertures sur mes griefs contre son parent dont il portait le nom, que je fus réduit à respecter sa noble honte, et à me défendre du sacrifice de sa vie qu'il prétendait me contraindre à menacer. Je dus lui garantir mon silence ; et, sans me laisser abuser par l'assurance qu'il me donna, que ses efforts réussiraient bientôt à éloigner M. R.... de chez moi, le calme que je sentis renaître, prit uniquement sa source dans la satisfaction intérieure que j'éprouvais, de m'être rendu digne des honorables sentimens que je venais de reconnaître.

N'aurais-je pas droit de répondre aux auteurs de ces révoltantes imputations? Eh quoi! vous qui, conduits par de sages parens, êtes arrivés au port, guidés par des idées morales; aussi bien soutenus par la fortune que par d'honorables exemples, et qui, sans autre nécessité que celle de satisfaire vos passions, vous êtes embarqués sur un océan d'immoralités et de dépravations; guides à votre tour, mais guides déterminés à les égarer, avez-vous le droit d'accuser ces jeunes gens, de vous en plaindre, vous qui les avez ruinés et précipités dans un abîme de maux, pour étouffer leurs plaintes et leurs reproches?

Au milieu de quels exemples éleviez-vous toute cette jeunesse qui vous appartenait (1)? Quels moyens n'eussiez-vous pas pris pour soutenir vos désordres?

Tandis que, sans témoigner la moindre inquiétude, vous saviez mon père mourant à dix pas de chez vous, était-ce de la boutique que vous desserviez vous-même (2) ou bien du tripôt de trente et un, que vous souteniez dans votre propre maison, et que votre fille et votre belle-fille ont été réduites à vous refuser de soutenir de leurs avantages physiques : était-ce delà que vous

(1) Mon frère nouvellement marié à mademoiselle R.....

M. R...., fils aîné, aussi marié.

Deux demoiselles du même nom.

Trois jeunes gens du même nom.

(2) Fonds de marchand de papiers, dit *aux Chinois*, boulevard Montmartre, hôtel de Mercy; ledit fonds érigé manuellement par M. R.... et Compagnie, de 1798 à 1802.

espériez, que vous prétendiez faire sortir de bons fils, de bons pères, de bons époux, de nobles citoyens?

Sous le rapport moral, vous avez déjà, Monsieur, un aperçu de ce qu'on a fait pour nous.

Il faut approfondir la nature et l'étendue des sacrifices pécuniaires faits en notre faveur; sonder jusqu'à quel point ils ont pu devenir préjudiciables aux intérêts de Mme. de L. L..., et participer à la vente de ses biens-fonds, à la dissipation de ses capitaux. Il faut encore renverser devant vous les suppositions par les faits.

La bonté prévoyante de mon père s'était étendue tout à la fois sur le sort de Mme. de L. G... et sur le mien. Une rente viagère, entr'autres de cinq cents francs, avait été constituée sur ma propre tête pour Mme. de L. G... en jouir avant moi durant sa vie : elle m'en a cédé, il y a quelques années, la préjouissance dont elle ne pouvait profiter sans le certificat de mon existence (1). Qu'on joigne à cela une somme d'environ quarante louis de menues dépenses, auxquelles elle s'est résignée une fois pour toutes en ma faveur; c'est là l'immensité des sacrifices réduits à la miniature.

(1) Il faut bien faire exister ses enfans noblement, disait madame M.... à cette époque. Je viens encore d'assurer cinq mille livres de rentes au second. C'est à l'aide de cette duplicité qu'on a abusé le public jusqu'ici sur l'accomplissement des devoirs les plus sacrés; celui de supporter les frais de la maison, ceux de mon entretien et de mon éducation, lui étaient encore imposés par l'acte de séparation signé d'elle. On sait comment elle l'a rempli à l'égard de mon frère; on voit comme elle l'a rempli à mon égard.

Pour s'être rencontré sur la ligne tracée par les intérêts de M. R.... et de madame M...., mon frère pourrait paraître au premier abord avoir été mieux partagé. M. R...., en lui donnant sa fille aînée, lui avait assuré une dot de 100 mille francs. Qu'on ne présume pas cependant que la bonne foi ait présidé à ces promesses. De la part de M. R...., l'impossibilité de les remplir devint une excuse, aussi-tôt qu'il ne lui fut plus nécessaire de la celer, de même qu'il en a fait l'aveu légal relativement à une autre dot de 100 mille francs, réduite depuis à 30 mille francs, et qu'il avait promise à son fils aîné, dans l'intérêt de lui faire épouser la fille du lieutenant-général baron de ***, orpheline, héritière alors de 14 à 15 mille francs de rentes. De même, il cessa, aussi-tôt après la démonétisation des assignats, de payer les arrérages de la rente ainsi constituée.

Madame M.... suivit cet exemple ; et, selon cette méthode d'étouffer le cri d'une injustice dont on se sent coupable, si mon frère faisait quelques dettes pour soutenir son état et son nom, pour prodiguer à sa femme les soins qu'exigeait la maladie dont elle était atteinte, et à laquelle elle a succombé, pour alimenter son feu dont ils auraient eu la barbarie de la laisser privée, on criait contre lui au désordre, à l'infamie.

S'il fuyait à l'aspect de cette cruelle alternative, c'était encore à l'infamie qu'il était voué.

Plongé nécessairement dans un abîme dont il ne pouvait plus envisager la profondeur, ce fut bientôt avec ses créanciers que Mme. M... eut à traiter. Dix mille francs comptant, vingt mille francs d'hypothèques consenties par elle sur ses biens, en faveur de ces mêmes créanciers, mais exigibles sans intérêts et seulement après elle, furent les seules conditions de la quittance générale que sa mère exigea de lui.

Voilà les seuls et uniques sacrifices, et tout ce qui est apparu de ces promesses qu'on avait souscrites.

Est-ce donc là ce qu'on peut présenter comme la source réelle, comme le prétexte plausible de la dissipation de douze cent mille francs de capitaux ?

La fin de cet écrit développera trop la nature des efforts qu'on a faits à l'égard de notre avancement, et il serait surabondant d'exposer devant vous, Monsieur, la suite non interrompue de moyens secondaires employés pendant vingt ans, pour la réussite du système de persécutions qu'on avait adopté.

Les motifs et les causes de l'inimitié de Mme. de L. L... vous sont maintenant connus. J'aime à croire que vous les ignoriez, et que par prudence ou pour maintenir l'harmonie dans votre intérieur, vous n'avez pas voulu soulever le voile.

Mais permettez-moi de vous le dire, Monsieur, quel droit aviez-vous en vous unissant à Mme. M..., d'épouser ses haines, de vous constituer mon ennemi ?

Quelle religion a pu vous porter à donner aveuglément dans les emportemens d'une femme; à servir son implacable fureur?

Quand elle vous aurait fait le tableau le plus horrible de ses enfans, deviez-vous l'en croire? et la délicatesse et l'honneur ne vous faisaient-ils pas un devoir d'entendre les deux partis, avant de vous prononcer?

Il vous était facile d'ailleurs de juger d'après les faits. Le plus léger examen suffisait pour vous montrer une fortune considérable dissipée en peu d'années; des enfans, lancés dans le monde, dans un âge incapable de ressentiment et de vengeance; sans secours, sans soutien, livrés à leurs propres ressources, arrêtés dans leur avancement par la main qui devait les protéger, et végétant dans le monde, malgré les avantages d'un nom connu, et les faveurs de la fortune, dont leur mère était entourée.

Vous auriez vu cette famille étrangère, pour laquelle Mme. de L. L... a sacrifié tous les devoirs de la nature, devenir l'objet de sa prédilection et de sa tendresse exclusive, parvenir, à l'aide de notre nom et du vôtre, à des places importantes, et enfin écraser celle qui lui avait donné l'hospitalité. Calculant toutes les actions de Mme. de L. L..., il vous était facile de dénouer le nœud de ces intrigues, et de nous rendre quelque justice.

Mais au contraire, depuis dix ans que les différens ministères sont confiés à vos parens, à vos alliés (1), comment avez-vous usé, à notre égard, de l'influence que vous aviez sur eux?

Mon frère, contraint par suite des infamies que je viens de

(1) Mr. le duc de F...
Mr. l'abbé de M...
Mr. le comte M...
Mr. le baron de B..

tracer, à embrasser l'état militaire; réduit à exposer sa vie en désespéré, pour emporter, au fort de la mêlée, un grade que, depuis huit ans, ses chefs et ses camarades réclamaient inutilement pour lui, du ministre influencé; mon frère auquel la tendresse maternelle avait ménagé l'alternative, de rester avec un nom, sa vie entière, lieutenant, ou bien de braver encore, inutilement peut-être, une mort presque certaine, a fait son devoir. C'est sur le champ de bataille, couvert de blessures, et se battant encore, quoiqu'estropié, qu'il arrachât, malgré les intrigues de sa mère, le grade et les décorations qu'il méritait depuis si long-tems, et qui constatent en lui, la première vertu d'un militaire.

Alors, au milieu de la famille étrangère qu'elle protégeait, Mme. de L. L... continuait à caresser le ministre votre parent. C'était au milieu des soupers délicats qu'elle lui offrait, qu'on préparait de nouveaux obstacles à un avancement si facilement rapide alors, le plus notable sujet de ses craintes : elle lui réservait encore la haute et lucrative faveur d'être aujourd'hui rangé parmi les demi-soldes.

Elle continuait d'insinuer au ministre, que son fils était un monstre; qu'elle s'était lassée de le soutenir; qu'il avait mille dettes au régiment; qu'elle ne prétendait plus les payer, et que sa fortune en était obérée.

Telle épouse, telle mère. C'était peu que son époux fût mort abandonné par elle ; son fils, son propre fils, prêt à succomber à ses blessures, confié à des mains étrangères, à 400 lieues d'elle, n'occupait plus son souvenir : si elle daignait songer encore à lui, c'était pour prêter l'oreille à la nouvelle de sa fin; sans que depuis son entrée au service jusqu'ici, il ait été pour elle l'objet du plus léger sacrifice pécuniaire. Moyen adroit, qu'elle n'a jamais négligé, pour se créer quelques motifs de calomnies contre nous!

Où étaient fixés vos regards, Monsieur? un fils peut-il être jamais, pour celle qui porte votre nom, un objet indigne des soins nécessaires à la conservation de sa vie?

Un militaire, honoré des plus nobles récompenses de son état, est-il donc indigne de protection?

Pour avoir montré plus d'attachement à mon père, un éloignement plus décidé pour nos ennemis, qui n'avaient pas jugé nécessaire de m'allier plus étroitement à leur famille, je suis devenu, plus évidemment encore, l'objet d'une aussi lâche persécution.

Autant par sagesse et par prudence, que parce que je serais trop souvent réduit à présenter des énigmes sans mots, je me bornerai à dire qu'un abandon coupable, une ruine affreuse, les obstacles les plus insurmontables, préparés et reproduits sans relâche, depuis vingt-cinq ans, ont été les moindres de mes maux.

On proclamait le mal dont on m'avait rendu responsable: si je faisais le bien, il était étouffé dès sa naissance, et devenait l'objet des plus noires interprétations.

De nouveaux obstacles se reproduisent chaque jour; d'inrent, préfet de ma province, aux ministres vos alliés, comme à chacun de ceux qui s'intéressent à ma cause; et c'est ainsi que je me trouve dans l'impérieuse nécessité d'adresser tant de reproches à vos préventions, de détester votre crédit.

Toutefois, et malgré le succès qui a couronné de telles bassesses auprès du ministère, en m'éloignant, par l'injustice la plus criante, du poste où m'appelaient le testament de mon père, le consentement de mon frère, quelques sacrifices, et bien plus encore, les bontés du Monarque si disposé à les reconnaître; au plus fort de cette lutte monstrueuse, engagé entre tant d'ennemis rassemblés par une mère, contre un fils qu'elle prétend anéantir, aujourd'hui contraint à rompre un long silence, qui ne me laissait d'appui inébranlable que dans mon propre courage, combien dois-je me trouver heureux, non-seulement d'ignorer les remords, mais d'avoir à présenter quelques titres à la considération publique, d'en avoir déjà recueilli quelques-unes de ces preuves, qui suivent rarement la déconsidération particulière !

Oui, sans doute, je suis indigne de protection et de graces même; mais seulement aux yeux de mes ennemis, qui vous ont isolé au milieu d'eux.

Sans me parer d'une vertu aussi estimable que rare, j'avouerai que je ne dois peut-être qu'à l'étonnement, dont me frappa la déplorable fin d'un prince descendant de nos rois, l'avantage d'avoir renoncé, sans hésiter, aux plus belles espérances, aux promesses les plus solennelles, à l'instant de leur accomplissement.

Mais enfin, j'ai ainsi donné de nouvelles armes pour me priver de tout avancement, et je le sais sans m'en repentir : l'honneur ne laisse jamais de regrets.

Depuis, successivement appelé à diverses commissions administratives centrales, ou de quelqu'importance; à présider des assemblées cantonales; toujours au-dessus du niveau, et dernièrement encore, appelé à décider de la vie de mes semblables, au milieu des hommes les plus distingués de la province : une saine opinion a justifié ces légères faveurs qui du moins n'ont pas été sollicitées.

J'ai réussi quelquefois même à porter l'abondance où était la disette, la consolation où étaient les larmes. J'ai ramené aux dépens de mon propre bien, l'ordre dans un arrondissement où était le pillage avec la guerre; et, puisqu'il faut le dire, les moyens dont la nature m'a fait dépositaire, et que mes ennemis parviendront difficilement à neutraliser entièrement, ont été employés à servir à la fois le prince, la patrie et mes concitoyens.

Ainsi concentré dans une sphère trop étroite, dans une position mal assortie, dont on gardait soigneusement les avenues, si souvent repoussé par mes ennemis, lorsque de nobles élans me laissaient entrevoir en moi-même quelque puissance de servir plus utilement, et l'état, et mon nom, j'ai été réduit à étendre de toutes mes capacités cette faculté de bien faire, source inépuisable de bonheur, il est vrai, et dont le domaine semble s'étendre en proportion des besoins de l'ame. La récompense a suivi l'œuvre de près. Bientôt à la ville, bientôt à la campagne, les honnêtes gens sont devenus mes amis ; les méchans se sont élevés, se sont agités contre moi.

Tout mon être se révolte à l'idée que ces vils parasites, rassemblés autour de vous par des intérêts immoraux qui nous blessent l'un et l'autre, ont encore l'impudence de se constituer mes juges. Plus difficiles que d'honnêtes gens, ils me proclament, de leur autorité privée, indigne de protection, et sont ainsi parvenus à vous placer devant moi.

Que vos yeux se dessillent enfin, Monsieur, pour vos intérêts et pour les miens. C'est à vous que j'en appelle, voyez dans quelle situation ils vous ont placé.

Le retour de la légitimité, dans la position où j'étais et où je me trouve encore, le retour du Prince qui nous gouverne, si bienveillant autrefois pour mon père, me permettaient les espérances les mieux fondées, et cependant je serais accablé d'humiliations, si l'injustice pouvait humilier.

Quoiqu'il en soit, pardonnez, Monsieur, à l'indignation qui m'anime ; mon honneur est compromis, et je saurai reconquérir mes droits.

Avec mon espoir, leur rage a reparu plus active que jamais ; vous paraissiez avoir quelques droits à l'une des charges d'Introducteur des Ambassadeurs(1) ; ils vous en ont fait abuser ; votre réputation vous protégeait, ils l'ont compromise.

Ils vous auront dit, sans doute, que vous aviez quelques prétentions à la seconde partie de la charge d'Introducteur, puisque,

(1) C'est-à-dire à cette charge, pendant le semestre de juillet.

auront-ils ajouté, Mme. de L. L... n'avait pas retiré toute sa légitime des mains de Mme. de la G... qui la possédait.

Cette nouvelle supposition remplie d'iniquités, est encore renversée de fond en comble par les calculs qui précèdent. Ils démontrent jusqu'à l'évidence, non seulement un abus de confiance sur douze à quinze cent mille francs, et auquel l'oubli des principes les plus sacrés a pu seul déterminer; mais encore, ils démontrent que les sommes réalisées à la hâte et dissipées au milieu des plus honteux égaremens, sans porter en ligne de compte 50 à 60,000 fr., produit de la vente des diamans, dépassent encore de 40 à 50,000 fr. l'intégralité des reprises de Mme. M..., que mon père avait cru devoir se prêter à porter à leur *maximum*.

Vos droits à la charge d'Introducteur, sont donc réduits, Monsieur, en toute hypothèse, à la survivance de M. de Tolozan à cette charge, qu'il exerçait pendant l'un des semestres, c'est-à-dire, à une expectative sans exercice, qui vous a coûté environ 100,000 fr. Comment pourraient-ils balancer, non plus que réunir, ceux que mon père, qui exerçait pendant l'autre semestre (1), avait acquis au prix d'un demi million, et avec lesquels viennent militer, et ses émolumens arriérés, et la seconde charge qu'il

(1) « Archives du royaume, année 1786. Grand maître de France, salut, etc., » etc. Le roi a dit : nous avons d'autant plus volontiers agréé, pour remplir les » fonctions d'introducteur des ambassadeurs, le sieur C. C. A. T. de L. G..., secré» taire des commandemens de notre très-cher et très-aimé frère Louis-Stanislas-» Xavier (Monsieur) ; que nous sommes bien informé de son zèle et de son af» fection pour notre service. A ces causes, avons ledit sieur T. de L. G... retenu « par ces présentes, le retenons, etc., etc.... Signé de notre main ».

occupait auprès du Roi. D'ailleurs, et en dernière analyse, s'il ne suffisait pas que mes droits et mes sacrifices compensassent ainsi les vôtres avec tant d'avantages, ce serait votre conscience que j'invoquerais pour anéantir entièrement ces derniers. En effet, ignorez-vous donc que votre famille elle-même a touché le prix de cette charge que Monsieur votre père ou Monsieur votre oncle avait vendue à mon père, et enfin, qu'il lui avait garanti 100,000 fr. par un acte notarié qui est aujourd'hui entre mes mains?

Sans prendre plus de soin à consulter le passé, tant sous le rapport de l'intérêt que sous celui de la morale, sans songer que votre conduite devait en être la conséquence, vous n'avez pas craint de solliciter la réunion de la charge que m'a léguée mon père (1), à la vôtre. C'est du ministère étonné que je l'ai appris.

Convaincu sans doute, mais enfin préparant la durée de cette nouvelle spoliation jusqu'après vous-même, vous avez écrit à Mr. de L. L... ***, votre parent, alors en Suisse, pour lui manifester vos regrets de ne lui avoir pas réservé votre survivance à ces charges. C'est de lui que je l'ai appris.

Satisfaire Mr. de Rémuzat, tout étranger à nos droits et à ces

(1) « Je veux et j'entends que ma volonté soit exécutée en tout; ainsi, je veux » expressément que mon fils Amédée, me succède dans ma place et charge d'intro- » ducteur des ambassadeurs ». Suivent les considérations qui ont déterminé cette décision, la désignation du lot réservé à mon aîné, et la signatnre T. de L. G.

Mon père devait aux bontés de Sa Majesté, la bienveillance de son auguste frère le roi Louis XVI, et la faculté de disposer ainsi par testament : et ce ne sont pas aujourd'hui les indignes auteurs de notre ruine, que le souverain a prétendu favoriser.

charges, mais objet de la faveur d'un puissant ministre (1), pouvait devenir la condition de l'étrange faveur que vous recherchiez vous-même. A cette condition d'une injustice intolérable et agréée cependant, depuis quatre ans vous jouissez de mon bien; depuis quatre ans vous offrez à M. de Rémuzat 5,000 fr., vous lui avez assuré votre charge et la mienne après vous.

Vainement dirait-on que le choix du Monarque était libre, tous droits antérieurs anéantis, et qu'il lui a plu de vous nommer seul.

Oserait-on calomnier de la sorte la suprême justice du Prince? le choix qu'il a daigné faire de vous, sans autre droit, contredit assez cette assertion, qui ne saurait d'ailleurs être soutenue sans attaquer votre probité même.

Oui sans doute, et j'en ai des preuves plus amères qu'aucun, la révolution a tout anéanti; mais l'équité du Prince se plaît à réparer des spoliations si loin de son cœur; elle se plaît encore à reconnaître dans nos pertes, dans nos sacrifices, des titres à ses nouvelles faveurs. Elles deviennent en quelque sorte la quintessence de nos droits antérieurs, l'abri que sa main bienfaisante daigne nous présenter et nous assurer après le naufrage.

Le Monarque a bien voulu lui-même me donner un garant de ses sentimens à cet égard, et c'est devant toute la cour que j'ai reçu, avec reconnaissance, la certitude qu'il daignait agréer mes services.

(1) Voir les deux dernières notes de ce recueil.

De sourdes intrigues sont donc seules parvenues à entraver la volonté royale !

Mais le Prince en eût-il usé autrement ; quelle que soit la main adroite ou puissante qui nous l'offre, le bien d'autrui ne saurait être retenu sans offense, et c'est mon bien, que mon honneur et l'intérêt de ma famille doivent recouvrer aujourd'hui.

Dans ces circonstances, Monsieur, et d'après cette suite de faits plus ou moins publics et tous irrécusables, qui viennent d'être portés à votre connaissance avec une exactitude scrupuleuse, vous rejetterez, j'espère, la force de mes expressions, l'amertume de mes plaintes, sur l'animosité légitime que m'inspire une usurpation, que vos préventions, sans doute, excusent à vos yeux, mais qui, selon moi, a l'intérêt pour base, l'honneur et la probité pour accusateurs.

Vous apprécierez, j'espère, à leur juste valeur, l'indignation que j'éprouve depuis quatre ans à l'aspect de mes ennemis jouissant de mon bien, à l'aspect des privations de ma famille, et le silence difficile auquel j'ai su me résigner depuis cette époque, pour m'assurer l'approbation générale.

Vous apprécierez la réserve de mes réclamations au ministère jusqu'à ce jour, et l'imprudente loi qu'on m'a imposée de dévoiler mes calomniateurs, et de m'attaquer à la main qui, sans pitié comme sans pudeur, espère resserrer impunément encore les entraves qu'on m'a préparées, et m'arracher le succès.

Vous apprécierez les motifs pour lesquels je n'ai pas voulu d'intermédiaire entre nous, ma délicatesse en vous réservant le soin d'indiquer les résultats que doit avoir l'entrevue que je réclame, et vous jugerez enfin qu'il n'appartient qu'à vous seul de déterminer par votre réponse le silence le plus profond, ou par votre silence, la publicité la plus affreuse, et ma conduite ultérieure.

Que le ciel vous inspire et nous protège! De grace, Monsieur, épargnez-moi le soin de passer outre, et d'instruire le monde de ce dont il suiffit que nous soyons instruits l'un et l'autre. Épargnez-moi la pénible extrémité de divulguer tant de taches prêtes à s'étendre et à rejaillir sur nous.

Votre franchise excusera la mienne, sans doute, si pour parvenir à ce but, je crois devoir vous prémunir contre un excès de tendresse, qu'on se plaît à appeler vertu d'un époux, ou bien contre les élans d'un amour-propre blessé, qui vont peut-être se réunir, pour ne vous laisser apercevoir que les difficultés d'un noble retour.

Vous montrerai-je ces passions mal accueillies par un monde déjà prévenu de tant d'apparences défavorables? Pensez-vous qu'il ait vu, sans étonnement, s'évanouir un million, dont enfin Mme. de L. L... devait bien quelque compte?

Pensez-vous qu'il voie aujourd'hui, sans surprise, cette seconde spoliation d'un demi-million de charges à la cour, sur lesquelles la même main fait encore s'évanouir notre espoir, à l'aide d'intrigues et de préventions; et vous dissimulerez-vous que c'est de votre conduite ultérieure qu'il s'apprête à décider de l'étendue de votre esprit, de la mesure de votre délicatesse?

Revêtu de ce titre qui m'appartient bien plus qu'à vous, vous lui devez l'honneur de recevoir les premiers dignitaires de l'Europe, et l'avantage d'ajouter annuellement 25 à 30,000 fr. à votre revenu.

Vous a-t-on vu vous mettre en peine des ressources qui doivent faire exister noblement vos deux beaux-fils ainsi dépouillés ?

Dans quelle attitude vous surprendrait-il, ce même monde, désormais à même d'apprécier les élémens qui composent votre intérieur, et ceux qui composent votre salon ; s'il y voyait encore ce même Mr. R... s'introduisant familièrement chez vous, sans qu'on puisse démêler lequel des deux est chez l'autre ?

Il n'est plus tems de détourner vos regards, Monsieur ; s'il s'approche de cet exemple de la légèreté du sexe, triomphant de soixante printems, c'est de votre honneur, c'est du mien qu'ils s'entretiennent.

Une sorte de pudeur que je me plais à ressentir, semble vouloir m'arrêter, lorsqu'il s'agit de m'armer contre mes ennemis, de leurs opinions politiques, source abondante en calomnies.

Mais il faut que je dévoile encore combien il est difficile que cette haine, trop ingénieuse à se créer des ressources pour exhaler ses venins, parvienne à abuser le public impartial devant lequel elle s'accuse si souvent elle-même.

Ainsi, comment le monde jugerait-il les assiduités chez vous de cet autre Mr. G. R..., second exemple de la démoralisation privée et politique de ce siècle, triste partisan que les partis rejettent ; administrateur, dont le règne ne semble avoir duré que le tems de développer l'ineptie de son esprit, et la vénalité de son ame ; signant de ses titres son mépris pour la noblesse, et, nouveau juge de nos Rois, proclamant son mépris pour eux, à l'exemple de tant d'autres, qui prétendent à reparaître encore sur l'horison politique. Sa conduite n'était qu'une feinte digne de louange, affirme-t-il aujourd'hui, pour sauver les siens, et mieux servir son maître.

De semblables titres sont-ils donc de nature à justifier votre appui si difficile à notre égard, et qu'il a surpris si facilement?

Si par votre moyen, les princes et les ministres, désabusés sur son compte (c'est ainsi qu'il s'exprime), lui réservent l'administration d'une province, ou bien un siége dans les conseils, je plaindrai et le prince, et l'état, et les ministres, et vous même, Monsieur.

Mais serais-je donc le seul à décéler l'inimitié coupable de Mme. de L. L..., sa protectrice immédiate, se créant, de l'inimitié de ce dernier contre moi, un instrument docile qui doit me frapper en la cachant?

Depuis quand voit-on une mère caresser ceux qui déchirent son fils et en veulent à sa vie ? Elle-même divorcée pour ruiner sa famille, elle anime ce nouvel auxiliaire contre celle qui, trop-tôt privée de la tendre sollicitude d'un père, doit tous ses malheurs à avoir porté le nom de Mr. G. R..., à lui avoir été livrée sans la moindre information, et s'est vue bientôt réduite à la cruelle alternative de laisser consommer la ruine de sa famille, et d'abandonner sa vie compromise, ou bien d'encourir la défaveur qui suit le divorce.

Soit que répondant à la voix qui l'excite, Mr. G. R..., qui ne saurait me pardonner d'avoir mis un frein à ses désordres, de lui avoir soustrait l'objet de ses mauvais traitemens, satisfasse, en extorquant encore quelqu'argent, une vengeance qui lui paraît noble, pour être la seule dont il se soit montré capable, soit qu'oubliant ses faiblesses, et trop sûr de ses forces, il laisse toute sa valeur s'exhaler en paroles, et s'essaye ainsi à m'exterminer, heureusement d'un peu trop loin : c'est de votre table, Monsieur, c'est d'auprès de Mme. de L. L... qu'il sort, c'est auprès d'elle qu'il va revenir.

Plus à plaindre qu'à blâmer, les deux jeunes fils de ce même Mr. G. R..., égarés par de tels guides, loin de leur mère, sont déjà prêts à confondre l'ingratitude et l'infamie, avec la délicatesse, la morale et le point d'honneur. Ils prétendent incessamment déposséder leur mère, au risque de se ruiner avec elle, de ses propres biens, qu'elle a su leur conserver.

C'est là l'honorable début qu'on leur réserve dans le monde; la première vengeance qu'on leur fait gloire d'exercer contre moi.

Toutefois, je saisque, militaires et français, appelés par la tendresse de leur père à suppléer à son défaut, ils aspirent à une plus noble satisfaction, et je serais tenté de leur en savoir gré, s'ils pouvaient racheter les erreurs de leur père, sans déchirer le cœur de leur mère.

Quelque soit le sentiment que m'inspirent ces faibles clameurs, en quelque sorte écho du crime, tel est cependant le problème que présente la sollicitude d'une mère à son fils. Tous ses soins *parviendront-ils à le ruiner avec sa famille ? Trois ou quatre adversaires armés par elle, suffiront-ils à mettre un terme à sa vie, et aux amertumes dont elle a abreuvé son existence ?*

Jeunes hommes, vous lirez aussi ces récits : s'il faut enfin qu'ils parviennent à votre connaissance, rappelez-vous que les passions, l'imprudence et l'incapacité établissent leurs jugemens sans en approfondir les bases.

Sachez vous porter vous-même à la hauteur nécessaire, pour discerner d'où viennent vos malheurs et les miens, et quelle main vous en prépare de nouveaux.

Si vous décidez aprés, que les auteurs de tant d'infamies ont encore droit à vous diriger sur leurs traces ; si vous admettez que j'aurais dû rester insensible à la vue de votre mère, que mon parent prétendait livrer sans le moindre secours, aux assauts d'une maladie terrible, après avoir dissipé la plus grande partie de sa fortune ;

Si vous admettez que je devais rester impassible, alors que, connaissant la position désespérée de sa vie, elle se montrait plus affectée du sort qui vous était réservé, que des rigueurs de son propre sort ;

Si vous admettez que j'ai trahi la délicatesse et la loyauté, lorsqu'après d'insuffisantes représentations, oubliant ma propre position vis-à-vis de votre père, je n'ai invoqué l'honneur que pour exiger qu'il en déférat aux siens dans sa propre cause, au jugement de sa famille et de ses amis, auxquels je me suis hâté d'en laisser disposer après (1);

Si vous oubliez que vous devez à cette décision, sanctionnée par vos pères, et la vie de votre mère, et le peu de fortune dont vous puissiez avouer la source;

Si vous décidez qu'en la provoquant, en maintenant son exécution, et en parant depuis à votre ruine, je me suis fait reconnaître votre ennemi;

Sans réclamer ce droit qui m'est incontestablement acquis, de redemander une mère à vos ascendans, sans mettre, comme il me serait permis plus sagement peut-être, leurs propres vies que l'honneur doit me prêter, au prix de votre silence, vous me trouverez disposé, quoiqu'à regret, à oublier que vous êtes issus du même sang que le fils qui portait mon nom.

En exigeant de moi de justifier jusqu'à l'évidence, de l'impérieuse nécessité d'une légitime défense, la délicatesse m'interdit encore d'articuler des faits qui, par leur gravité, sont de nature à me faire facilement atteindre ce but; et c'est ainsi que doivent

(1) Pour se permettre quelque critique sur la conduite ultérieure de leur mère, il faudrait que ces Messieurs se montrassent plus scrupuleux que la loi et la religion qui, après avoir cassé, l'une et l'autre, son premier mariage, ont permis, l'une et l'autre, de seconds liens; il faudrait que ces Messieurs eussent d'étranges notions de délicatesse, pour n'en pas reconnaître de la part d'un homme de 30 ans, qui, possédant lui-même une fortune médiocre, mais indépendante, réunit ses malheurs à ceux de la mère de quatre enfans, dans le seul but de lui rendre un appui devenu nécessaire; et celle-ci ne possédant qu'une fortune à peu-près égale, dont la moitié est devenue, par son divorce, propriété de ces mêmes enfans, et l'autre moitié est déjà grévée.

s'excuser les longueurs de ces principaux détails auxquels je me suis réduit.

Les êtres qui se vantent d'avoir pris sur vous, Monsieur, un ascendant sans mesure, et parmi lesquels vous vivez depuis douze à quinze ans que toutes relations ont cessé entre vous et moi, offrent si peu de garantie sous le rapport de la moralité, que je puis avouer, sans vous blesser, que je n'aurais pas cru devoir prendre le soin de vous adresser cette lettre, si vos principes ne m'eussent été antérieurement connus. Si je devais à la réputation de Mme. de L. L... le sacrifice de quelques-uns de mes intérêts, je ne dois à personne le sacrifice de mon honneur et celui de ma réputation. Sans avoir recours envers tout autre à de si longs ménagemens, la religion, la légitimité, l'honneur lui-même et les lois m'auraient simultanément prêté leur aide ; et le ridicule démasquant l'hypocrisie, serait devenu une arme terrible entre mes mains.

En effet, me serais-je abusé sur le peu de probabilité, de rencontrer, au milieu des bassesses du siècle, un homme au-dessus du vulgaire, et disposé à se soumettre au cri de la délicatesse et de l'honneur, malgré les puissans murmures de l'intérêt et de l'amour-propre ?

Où est celui, aux mains duquel des chances favorables auront mis la fortune d'autrui, et qui ne craindra pas de s'avilir, en cherchant à se dissimuler l'erreur qu'il commet en la retenant ? Où est celui qui, à votre place, ne tentera pas d'appuyer victorieusement quelques adroites suppositions, de tout le crédit de sa famille; et qui, connaissant le monde, n'espérerait pas trouver dans le succès (le plus honteux même), l'oubli d'une faute si douce?

Tel est cependant l'homme que j'ai encore espéré retrouver en vous, Monsieur; c'est là, il me semble, un assez noble témoignage de l'opinion que j'en ai conservée, pour faire excuser, s'il est nécessaire, ce qui a pu se glisser ici de désagréable malgré moi.

Taillepied de la Garenne.

SECONDE LETTRE

EN RÉPONSE

A la première Lettre de Mr. de Lalive.

19 Mars 1818.

A l'âge auquel nous sommes arrivés, on sait, croyez-moi, se faire écouter et se faire lire. Cependant, soit qu'il vous convienne de répondre par écrit à mes objections relatives à la charge d'Introducteur, ce qui me paraît difficile ; soit qu'il vous convienne de les discuter ensemble et de vive voix, ce qui, je pense, est la manière la plus loyale; j'accepte d'autant plus volontiers la condition que vous y mettez, que j'aurais cru devoir me l'imposer moi-même désormais à votre égard (1).

En vous laissant ainsi le choix, vous trouverez bon que j'exige tout aussi impérativement à mon tour, toutes sortes de ménagemens dont vos expressions se sont beaucoup trop écartées. On chercherait vainement d'où vous viendrait la mission de sermonner si lestement des hommes, qu'il vous convient sans doute de traiter *de jeunes gens*, mais pour lesquels cependant les malheurs n'ont pas arrêté la marche du tems, qui les a fait arriver à la seconde période de la vie.

Si vous me menaciez encore de mes remords, il faudrait que j'effrayasse votre conscience, puisqu'il est vrai que votre conduite, *dont vous avouez n'avoir jamais approfondi les motifs* dans les instans les plus importans de votre vie, me répond devant Dieu et devant les hommes, de la cruelle et dernière extrémité à laquelle vous allez réduire, peut-être, un chef de famille calomnié dans sa réputation et dans son honneur, attaqué dans son intérêt, dans ses devoirs et dans sa vie même.

Si vous tentiez de m'effrayer encore des devoirs qu'impose *la sainte semaine dans laquelle nous entrons*; si vous me menaciez de nouveau *de l'éternite* même, je saurais vous répondre que, frappé des plus affreux revers, j'ai dû reconnaître que la

(1) Il s'agissait d'un silence absolu à l'égard de tout ce qui pouvait avoir rapport à Mme. de Lalive.

seule puissance divine a pu me soutenir. Je répondrais surtout que l'honnête homme, l'homme d'honneur, l'homme religieux, ne se retranche pas derrière les imposantes barrières de la piété, ne s'arme pas des menaces *d'un jugement dernier*, lorsqu'il s'agit de se juger lui-même, et d'éclairer sa conscience sur ses propres iniquités commises dans le tems.

Pour n'y plus revenir, *si vous frémissiez encore d'horreur à mon aspect*, je frémirais d'indignation à l'aspect de celui auquel je dois le plus grand de mes malheurs, celui d'avoir su rassembler tant d'affreux détails; d'un homme qui feint de croire que la religion lui permet pour son propre bonheur, de rester dans l'ignorance volontaire et de la vérité, et de ses devoirs qui doivent y reconnaître leur mesure, et qui, averti des terribles résultats de ses erreurs, m'adresse encore des reproches dont il n'a pas osé même aborder la source.

Il y a beaucoup moins que de l'humilité à me conseiller *encore de mériter votre estime*, avant d'avoir vous-même reconquis la vôtre, et le devoir, sacré pour moi, de m'épargner l'affreuse divulgation qui s'apprête, peut seule me faire endurer provisoirement aujourd'hui ces mêmes reproches. Mais croyez-moi, Monsieur, adoptons, il en est tems, des dehors plus ménagés, qui peuvent seuls nous faire atteindre le but commun.

Malgré que vous n'ayez jamais eu de moi jusqu'ici le plus léger motif de plainte, et que vous n'ayez jamais cessé de m'être étranger, si ce n'est par le mal que vous m'avez fait, je m'empresse cependant de reprendre l'initiative à laquelle votre exemple devait me faire renoncer, et de me dire,

Monsieur,

Votre très-humble et très-obéissant Serviteur,

Taillepied de la Garenne.

P. S. Vous avouez *n'avoir pas voulu approfondir,* et cependant vous jugez de notre conduite; sans connaître les causes de notre éloignement, vous osez même *prévoir notre repentir;* vous parlez encore de vos *principes et des devoirs que vous vous êtes imposés à notre égard;* la manière dont vous avez reçu mon frère, les contredit trop évidemment. Vous semblez avoir oublié, que sa piété filiale avait seule dicté sa démarche envers sa mère, *lorsqu'il vous rencontra chez elle, et que vous lui avez refusé,* dites-vous, *de lui parler en sa faveur.*

Toutes ces expressions lui semblent, ainsi qu'à moi, offrir des insinuations aussi équivoques que fausses : encore un jugement mal assis, qu'il vous prie de ne plus faire reparaître à l'avenir.

TROISIÈME LETTRE

ADRESSÉE ENSUITE,

ET SERVANT DE RÉPLIQUE

A la seconde Lettre de Mr. de Lalive.

27 Mars 1818.

Il est quelquefois utile de dire *qu'on n'a pas lu,* et l'occurrence l'exigeait ainsi; mais il faut au moins lire après, le contraire est trop périlleux. Cette faiblesse condamnable de ne pas oser *approfondir et de ne pas oser lire ce qui vous est adressé,* vous jettera, Monsieur, d'erreur en erreur. Vous n'auriez pas reçu, si vous eussiez lu, la seule impression d'une déclamation *horrible*, en effet, si elle était isolée, et si la nécessité n'en était pas mathématiquement démontrée.

Les expressions de votre première lettre alors se seraient mesurées à ma position et à la vôtre, parce que vous auriez été à même d'en juger; elle n'aurait certes pas provoqué celui qui, gémissant depuis si longtems sous le poids de l'infortune et de l'oppression, met encore toute la modération possible, emploie encore toutes sortes de ménagemens, au moment même où on le force à élever la voix. L'indignation que cette première réponse m'a inspirée, n'aurait pas dicté ma seconde lettre dans laquelle, nonobstant toute la retenue de mes expressions, il s'élève encore malgré moi une seconde barrière entre nos amours propres réciproquement blessés.

Pour dernière erreur notable et plus désolante encore, vous ne vous seriez certainement pas compromis jusqu'à m'indiquer pour témoin choisi de votre conduite ce Mr. Rouillé, dans lequel vous auriez facilement reconnu la source trop ostensible des maux qui nous accablent l'un et l'autre, et que vous allez perpétuer.

Ou les faits contenus dans l'écrit du 14 sont vrais, les assertions qui les accompagnent sont fondées, ou bien les uns et les autres sont controuvés et dénués de fondement. Entre ces deux hypothèses, il fallait approfondir, et cela vous devenait d'autant plus facile, que je m'offrais franchement à dissiper tous vos soupçons, à éclairer tous vos doutes.

Si la vérité ne m'avait pas dicté, vous eussiez démêlé la fausseté, et rien n'était plus facile alors que de m'intimider sur les résultats d'une calomnie infâme, si facile à parer, à punir et même à venger. Mais si, comme il est vrai, ces mêmes faits que j'ai cités, sont véritables, ces mêmes assertions sont malheureusement exactes, c'était alors avec moi qu'il fallait vous entendre. Ne suis-je pas évidemment intéressé à éviter l'éclat? N'ai-je pas souffert depuis vingt ans pour y parvenir, et depuis quatre ans pour y parer?

Il fallait me satisfaire selon toute justice, et puis, vous emparant vous-même des armes que je vous ai prêtées, réduire à leur aide, sous l'empire de votre raison, des devoirs et de l'honneur, des êtres égarés qui vous attaquent sous ces mêmes rapports. Il fallait, en tems utile, et avec autant de prudence que de ménagemens, éloigner vous et les vôtres du centre de la dépravation; il fallait, en un mot, reprendre le caractère du juge, redevenir maître, et commander selon votre conscience.

Il n'en est pas ainsi : vous *n'avez pas lu*, et vous faiblissez ; vous allez, au risque du ridicule, prendre *M. Rouillé pour témoin de votre conduite*, en sa propre cause ; et vous me l'écrivez. Rejetez donc, Monsieur, le joug qui vous presse. Voyez donc qu'ils ne peuvent s'emparer de vous que dans l'affreux dessein de vous entraîner dans leur chute; et ne vous y trompez pas, j'ai tous droits à vous le dire, nos intérêts sont communs sous ce rapport, et leur chute flatte bien moins ma trop juste vindicte, qu'elle n'alarme ma délicatesse.

Taillepied de la Garenne.

QUATRIÈME LETTRE

EN RÉPONSE

AUX DIFFÉRENTES OBJECTIONS PRODUITES PAR M. DE LALIVE, PAR ÉCRIT ET DE VIVE VOIX, EN DIVERSES ENTREVUES.

9 Avril 1818.

J'AI démontré sans réplique à Mr. de Lalive, qu'il avait à remplir nécessairement envers moi, les devoirs de père ou bien ceux d'ennemi, et qu'entre ces deux extrêmes il n'y avait pas de milieu dans sa position. Je l'ai convaincu que, protéger de son influence, c'était servir et se montrer parent, tandis que nuire et même abandonner sans examen, c'était calomnier et se déclarer ennemi.

Mr. de Lalive ne m'a pas même informé de son mariage. Quatre ou cinq de ses parens ou alliés ont successivement occupé les différens ministères depuis dix ans ; non-seulement il ne m'a pas servi; mais il n'a pas même eu la plus légère relation avec moi.

Les ennemis de mon père et ceux de ma famille, sont devenus ses intimes. Ce sont eux qui m'attaquent sourdement, qui proclament lâchement et sans oser agir, qu'ils en veulent à ma vie; et ce sont eux *qu'il estime, qu'il prend à témoin de sa conduite envers moi, et qu'il prétend recevoir et servir,* m'écrit-il.

Ainsi, tout à-la-fois calomniateur indirect et ennemi inconsidéré, il m'écrit encore aujourd'hui *qu'il n'a jamais osé approfondir ses motifs d'éloignement à mon égard.*

Mais plus directement encore, c'est sur ce qui nous touche l'un et l'autre individuellement, que Mr. de Lalive laisse agir son inimitié d'une manière plus évidente, mais aussi plus décisive. Ainsi étayé, ainsi entouré, il n'a pas rougi d'accepter non plus que de solliciter la réunion des deux semestres de la charge d'Introducteur des Ambassadeurs, la réunion de deux faveurs à l'une desquelles il n'ignorait pas que je pouvais prétendre par ma conduite, par la justice du Roi, par les bontés de ce Prince pour mon père, qui m'avait légué cette charge.

Sa délicatesse en cela ne s'est pas trouvée blessée, et sa facile méthode de ne pas approfondir, lui a fait oublier que son père a reçu de Mr. de Tolozan, le prix de la charge entière; que son oncle a reçu 3 ou 400,000 fr. de mon père, pour la moitié de cette même charge; que ce dernier a même garanti à mon père, et par acte notarié, un brevet de retenue de 100,000 fr.; que la fortune de sa famille et la sienne, en conséquence, ont ainsi trouvé leur salut ; tandis que la perte la plus notable, s'est opérée à mon détriment.

Le ministre lui a laissé, m'écrit-il, *le choix d'un adjoint et d'un survivancier; et*, il ajoute, *que c'est un étranger* (Mr. de Rémuzat) *qu'il a choisi et auquel il a même cédé le quart des émolumens attachés à la charge.*

Sa main bienfaisante m'a soustrait l'indemnité, dont la plus simple morale lui faisait un devoir de disposer en ma faveur.

Le desir de servir le prince, le regret, trop sensible, de me voir, depuis quatre ans, éloigné de mon poste par de sourdes intrigues, et malgré que la volonté royale eût daigné se montrer favorable, m'ont fait solliciter les ministres qui, tout en reconnaissant l'éminente justice de mes réclamations, ne m'ont pas dissimulé la difficulté qu'il y avait à revenir sur les résultats obtenus par mon adversaire. J'ai dû reconnaître ailleurs, la répugnance qu'on éprouvait à se rendre désagréable à sa famille, à lui-même ou bien à ceux d'entre les ministres dont il est l'allié. (1) J'ai reconnu partout les traces de tant de calomnies, si faciles à dévoiler, mais impunément répandues, pour entraver mes démarches, et qu'il était tems enfin, après un long silence, de franchir les bornes d'un aveugle respect, trop favorable à

(1) Mr. de ..., Mr. le duc de ..., Mr. le baron ... et Mr. le comte ..., tout-à-fait étrangers, pour la plupart, à l'objet de mes reproches, et que mon beau-père a certainement laissés dans l'erreur, sur sa véritable position vis-à-vis de moi, seront, je suis persuadé, fort peu empressés désormais, d'avouer Mr. de Lalive ; et j'ose espérer qu'ils sauront quelque gré à ma délicatesse, de l'hommage que je rends à leur considération si bien méritée, en m'interdisant de les nommer.

Mr. de Lalive, trop désastreux pour l'intérêt de ma famille, et qui attentait à mon honneur.

Le blâme en est à Mr. de Lalive, aussi bien qu'à mes ennemis dont il est entouré, si j'ai dû l'éclairer confidentiellement en premier lieu, sur la véritable source de toutes les iniquités dont il se rend coupable à mon égard.

Ce n'est qu'après avoir reçu, de la main de Mr. de Lalive lui-même, et sans plus ample information, les refus réitérés, les plus décisifs comme les moins fondés, accompagnés des insultes les plus provoquantes, auxquelles je n'ai répondu que par de solides raisonnemens, et dans les termes les plus mesurés; ce n'est qu'après être revenu de mon erreur, sur la mesure de délicatesse que je voulais encore lui supposer; ce n'est enfin qu'après avoir réduit son aveuglement à savourer le fruit de la passion, de la cupidité et de l'irréflexion, que j'ai réclamé sévèrement de Mr. de Lalive, ou les devoirs d'un beau-père, ou bien ceux d'un ennemi.

Toutefois, applanissant encore les difficultés qu'il pouvait prévoir à réparer en partie, à titre de beau-père, les torts irréparables qu'il avait faits à mon honneur et à ma famille, je l'ai réduit à déceler toute son iniquité, en modifiant moi-même, et au-delà de toute vraisemblance, le but de mes réclamations, à lui seul relatives, en déployant devant lui, les moyens les plus simples, d'atteindre facilement ce même but.

En effet, j'ai représenté à Mr. de Lalive, que lui-même et Mr. de Rémuzat, en se réunissant à moi, ne solliciteraient pas en vain de la justice et des bontés de Sa Majesté, que je fusse agréé par Elle, à la moitié de la survivance à la place d'introducteur. J'ai ajouté que le quart des émolumens pourrait m'être attribué jusqu'à cette époque; que ce modique sacrifice serait facile à supporter, moitié par Mr. de Rémuzat, et l'autre moitié par Mr. de Lalive lui-même; et qu'enfin ces légères faveurs, si faciles même à obtenir du ministère, suffisaient pour me satisfaire, et cicatriser les profondes blessures de mon amour-propre. J'ai vainement représenté à mon beau-père, qu'à son égard cette réparation devenait d'autant plus rigoureusement exigible, qu'elle était réclamée par l'honneur et restreinte par la raison; et que j'étais convaincu, à l'égard de Mr. de Rémuzat, que ses sentimens le porteraient d'autant plus facilement à se porter à cet arrangement, qu'on n'ignore pas que les familles élevées avec la légitimité, et jalouses de succéder aux évènemens, ne se chargent pas volontiers, elles et leurs descendans, d'endurer les reproches que pourraient leur adresser les familles qui auraient à se plaindre de leur peu de délicatesse.

Le refus formel que m'a fait Mr. de Lalive, de solliciter la survivance même de Mr. de Rémuzat en ma faveur (avis que j'avais ouvert en dernier lieu, dans l'intention de le démasquer entièrement), s'est basé ainsi qu'il suit; et il faut en être révolté d'indignation, ou bien en sourire de mépris et de pitié. Il est vrai que je vous ai fait tort, m'a-t-il dit, en disposant en faveur de Mr. de Rémusat; mais je ne vous ai pas fait plus de tort en cela, qu'en acceptant moi-même la réunion des deux charges, parce que mes droits antérieurs n'ont été pris en aucune considération ; que la faveur du Roi est individuelle, et non point héréditaire, et qu'elle est même révocable à sa volonté, tant à mon égard qu'à l'égard de Mr. de Rémuzat. Je ne saurais faire cependant ce que vous exigez de moi, parce que ce serait faire tort à Mr. de Rémuzat ou bien à ses enfans !!! (1)

Ces naïvetés, assez peu ingénieuses, ressemblent, à s'y méprendre, aux moyens efficaces à l'aide desquels les subalternes usurpateurs de 1793, s'emparaient de notre bien, après avoir compromis notre honneur et notre vie, et l'on ne doutera pas que quelque méchant esprit ait tout-à-coup pris possession, si j'ajoute que mon beau-père, dans sa lettre du 17 mars dernier, non content de vanter *la sainteté de ses principes, et sa ferveur brûlante durant la sainte semaine*, me menaçait *encore des remords et du repentir, du jugement dernier, et d'une éternité infernale :* tandis qu'aujourd'hui, il ne se fait plus le moindre scrupule d'étouffer le cri de sa conscience, de se montrer sans pudeur par ce dernier refus. Il prétend, après s'être soustrait aux devoirs de la parenté dont il se joue, en abuser encore pour se soustraire par un refus plus déshonorant, qu'il ne craint pas de m'adresser à l'avance, au devoir de l'homme d'honneur.

(1) Je crois me rappeler que c'est Bossuet qui, dans son histoire des variations, a émis la pensée suivante : « toute erreur a un côté contradictoire ; mais l'homme » qui la défend, ou par pure ignorance, ou par volonté, cherche toujours à s'y » dérober par des subtilités plus ou moins ingénieuses, et, à force de s'entêter et » de s'étourdir en la défendant, il parvient à considérer la contradiction même, » comme une pure vérité ».

Oui, c'en était trop, et Dieu me garde de le nier ! J'en ai appelé, comme Mr. de Lalive me l'écrit, *à la décoration qui lui est confiée*, et qui retrace tous les devoirs à la fois ; et, puisque M. de Lalive croit pouvoir *en appeler lui-même à l'association entière des chevaliers de Saint-Louis*, quels que soient les regrets affreux que j'éprouverais jusqu'à mon dernier soupir, si ces chefs ou faits d'honneur allaient m'accuser de déloyauté ; quelles que soient les relations de Mr. de Lalive avec l'association et la position éminente où son peu de délicatesse l'a placé ; quelles que soient les traces plus ou moins profondes de tant d'insinuations nuisibles dont j'ai dû supporter le poids dans le silence, j'ai trop de confiance en l'honorable motif qui a guidé ma conduite, trop de respect pour le tribunal arbitral qui serait composé de six de ces Messieurs, désignés ou plutôt choisis par chacun de nous, pour ne pas me trouver heureux d'accepter l'appel que Mr. de Lalive fait devant eux.

Je somme donc mon beau-père, ou je défie Mr. de Lalive d'accomplir la nouvelle menace dont il prétend m'effrayer, et dont lui seul doit redouter l'effet.

« J'ai écrit à Mr. de Lalive que prétendre qu'une seule et » même charge exercée par Mr. de Tolozan et par Mr. de la Ga- » renne père, qui devait être exercée par Mr. de la Garenne fils » et par Mr. de Lalive, pouvait être supprimée pour l'un, contre » toute évidence, et conservée pour l'autre; c'était prétendre, » chose impossible, qu'un seul et même bien d'émigré, château » ou chaumière, pouvait être non vendu à l'égard de celui au-

» quel on se plaît à le rendre en entier, aliéné sans réserve, » supprimé ou *disparu* à l'égard de celui qu'on se plaît à en » dépouiller.

» J'ai écrit à Mr. de Lalive qu'on dirait vainement que le » choix du Monarque était libre, et tous droits antérieurs » anéantis; qu'on n'oserait pas sans doute méconnaître de la » sorte la suprême justice du Prince qui nous gouverne; que le » choix que le Roi a daigné faire de Mr. de Lalive lui-même, » suffit pour démentir cette assertion, qui d'ailleurs ne saurait » être soutenue sans attaquer jusqu'à sa probité même.

» J'ai ajouté que la révolution avait sans doute tout anéanti, » et que j'en ai des preuves plus amères qu'aucun; mais que » l'équité du Prince se plaît à réparer des spoliations si loin » de son cœur, à reconnaître dans nos pertes, dans nos sa- » crifices, des titres à ses nouvelles faveurs, qui deviennent » en quelque sorte la quintessence de nos droits antérieurs, l'abri » que sa main bienfaisante daigne nous présenter, et nous » assurer après le naufrage.

» Mais, le Prince en eût-il usé autrement, ai-je encore ajouté, » quelle que soit la main adroite ou puissante qui nous l'offre, » le bien d'autrui ne saurait être retenu sans offense; et c'est » mon bien, que mon honneur, que l'intérêt de ma famille, » doivent recouvrer aujourd'hui.

» D'ailleurs, la volonté du Roi, lui ai-je dit enfin, s'est ma- » nifestée dans ce sens; elle contredit la mesure toute inique et » arbitraire que je repousse. Sa Majesté a daigné admettre dans

» la nouvelle composition de sa maison, non seulement les » titulaires des anciennes charges, mais encore leurs fils, leurs » neveux, leurs gendres même, et leurs survivanciers à leur » défaut ».

L'unique réponse réitérée de Mr. de Lalive se réduit à me citer *des exemples* assez rares *de titulaires non rappelés par le Roi, et qui*, selon lui, *n'ont pas imaginé de réclamer.*

Ainsi, sans considérer que chacun de ces Messieurs a reçu de la bonté du Prince quelques marques de bienveillance, quelques titres ou quelques faveurs étrangères à ses droits antérieurs, Mr. de Lalive oublie que c'est lui-même qu'on a laissé libre de disposer à son choix, que c'est lui seul qui m'a spolié; et son unique ressource, pour excuser sa propre iniquité, est d'accuser à tort, et de méconnaître la sagesse du Monarque et sa suprême équité, qui l'ont lui-même comblé de faveurs (1).

Parce que j'ai quarante ans, que Mr. de Lalive en a cinquante; parce qu'il m'apprend qu'il a épousé Mme. Masson qui en a soixante, et qui est divorcée d'avec mon père (2); fort de cette politesse un peu tardive après neuf ans de mariage, si évidemment dictée par un excès de prudence, et cependant entourée des impertinences les plus grossières, Mr. de Lalive réclame de moi la contemplation respectueuse, et prétend me

(1) Voyez la dernière note du recueil.

(2) Le divorce qui était primitivement la sauve-garde du bien des émigrés, n'était devenu plus tard qu'un moyen de ruiner les familles, tandis qu'en dernier lieu les lois étaient parvenues à en faire le plus sûr moyen de conserver le bien aux enfans, auxquels ces mêmes lois en assuraient la majeure partie.

réduire à admirer celui qui, laissant sa morale au pied des autels, porte les venins de l'intrigue à la Cour, et l'esprit d'un aveugle intérêt à la ville.

Je vais nuancer dans un instant la demi-teinte de respect que je consens à lui rendre ; mais l'erreur de Mr. de Lalive est étrange, s'il pense que MM. les Titulaires non rappelés, et auxquels je demande pardon de les supposer dans une aussi désagréable position, se seraient renfermés dans un humble silence vis-à-vis d'un collègue ou bien d'un tel parent, qui les eût éloignés de leur poste, s'en fût emparé lui-même, et eût poussé l'outrage jusqu'à en disposer dans l'avenir.

Que Mr. de Lalive sache bien que ma seule excuse, malheureusement trop fondée, est dans ma position à l'égard de mes persécuteurs, que le cri de ma conscience et les ménagemens dus à l'opinion, ne me permettaient d'accuser qu'à la dernière extrémité.

Au reste, Mr. de la Garenne croyait avoir suffisamment prouvé à Mr. de Lalive qu'il était bien décidé à mesurer ses expressions sur l'emportement de celles de son beau-père. Puisque Mr. de Lalive en doute encore, Mr. de la Garenne va lui en donner une nouvelle preuve par un syllogisme approprié. Mr. de Lalive juge sans examen, sans réflexion et sans vouloir approfondir ; il agit en conséquence, et se déclare même irrévocablement fixé à cette méthode aussi facile qu'avantageuse.

Cependant Mr. de Lalive traite à sa guise ceci de *mensonges*, cela de *suppositions* et de *calomnies* : donc Mr. de Lalive ment, suppose et calomnie. (Personne n'ignore la valeur d'un démenti, et c'est ici que l'on doit reconnaître encore une preuve de ma modération exemplaire, et la nuance délicate de mon respect pour Mr. de Lalive).

Si par exemple, et voulant débuter par pallier les torts de mon beau-père envers moi, j'essaie de les lui présenter comme des erreurs involontaires, comme le fruit des insinuations perpétuelles auxquelles il s'est livré; si je lui décèle que ce Mr. Rouillé chez lequel il loge, est le détestable auteur de tous les maux de ma famille, que le moindre de ses torts est d'être resté au milieu de nous, malgré mon père, malgré nous-mêmes, et sans égard pour toutes les lois de la délicatesse, de la reconnaissance et du point d'honneur; que c'est à lui-même ou à ses conseils intéressés, qu'il faut attribuer l'éloignement de Mme. de Lalive pour ses enfans et pour leur père, et tous les affreux procédés sur lesquels les vingt-huit pages que j'ai adressées à Mr. de Lalive, doivent laisser peu de doutes, cela suffit pour que, sans le moindre examen, Mr. de Lalive m'écrive *qu'il l'aime, qu'il l'estime;* pour qu'il s'abaisse jusqu'à *le prendre à témoin de sa conduite envers moi.*

Il repousse de l'œil et du geste les preuves que je lui présente, et ne rougit pas d'avouer que les preuves, quelles qu'elles soient, seraient vaines à son égard; que sa conscience veut juger et non pas être éclairée; qu'il lui suffit que le public en ignore, ou bien même qu'il en puisse douter.

Si je lui démontre que 12 ou 1,400,000 francs confiés à madame de Lalive, se sont évanouis de ses mains, au détriment de sa famille et des créanciers de son premier mari, il m'écrit que je *calomnie*, et c'est lui seul qui mérite ce reproche, en ajoutant qu'il a *la certitude que madame de Lalive s'est sacrifiée pour payer les dettes de son premier mari et de ses deux enfans, et que la ruine de sa fortune est la suite de ce sacrifice.*

Si les preuves légales forcent malgré lui sa conviction, la seule réparation qu'il pense me devoir, et l'admiration fixe et béate à laquelle il se déclare nonobstant déterminé, pour ceux qui l'ont entraîné à me causer tant de mal.

Son admiration va plus loin encore, ou plutôt sa haine, (entre toutes les passions sans contredit la plus irréfléchie), l'entraîne à prendre le singulier soin de m'instruire que c'est ce Préfet si honteusement destitué, déjà convaincu de lâcheté, si facile à convaincre d'usure, que c'est Mr. Rouillé fils qu'on a vu signer de ses titres, son mépris pour la noblesse; et, nouveau juge de nos rois, proclamant son mépris pour eux, qu'*il couvre de son estime*, qu'*il prétend recevoir et servir*, qu'*il trouverait affreux d'abandonner.*

Il semblerait que mon scrupuleux beau-père, voulût m'épargner jusqu'au moindre regret de n'être pas l'objet de sa judicieuse protection; qu'il eût voulu m'adresser l'assurance, que je pouvais me glorifier même, d'être l'objet de son abandon, comme celui de sa haine.

Mr. de Lalive, qui m'accuse sans cesse de calomnier, ne connait pas encore ma façon de calomnier, et il faut cependant bien que je lui en donne un exemple qui, je le prie de le remarquer, ne peut plus tirer à conséquence entre nous, malgré que les apparences s'y trouvent supérieurement ménagées. Ainsi, je lui dirais : à quel titre vous croyez-vous digne de paraître l'un des premiers, dans une association dont vous n'avez pas même le droit d'être membre? On n'ignore pas l'ironie avec laquelle Mr. de V..., votre beau-frère, s'exprimait sur votre remarquable début, ou plutôt sur votre essai militaire auprès de lui. Vous m'écrivez vous même, que vous avez quitté le service en 1788, pour entrer dans la maison civile du Roi. On ignore que vous soyez émigré. Quels sont donc vos actions d'éclat et vos signalés services? dans quelle mission importante, dans quelle admirable position a-t-on vu Mr. de Lalive se rendre digne de la croix dont il se pare? ne lui rappelle-t-elle donc que les suppositions auxquelles il la doit, et n'est-elle placée sur son cœur que pour couvrir les iniquités dont il se charge, et pour le soustraire à tous les devoirs qu'elle impose?

J'en ai trop dit, et cependant combien n'en aurais-je pas à dire encore! Toutes les chances prévues dans mon premier écrit, et qui alors n'étaient qu'hypothétiques, se sont malheureusement réalisées à la honte de Mr. de Lalive. Je m'exprimais ainsi :

« Sans avoir recours envers tout autre, à de si longs ménagemens, la religion, la légitimité, l'honneur lui-même et les
» lois m'auraient simultanément prêté leur aide; et le ridicule

» démasquant l'hypocrisie, serait devenu une arme terrible » entre mes mains.

» En effet, me serais-je abusé sur le peu de probabilité de » rencontrer, au milieu des bassesses du siècle, un homme » au-dessus du vulgaire, et disposé à se soumettre au cri de la » délicatesse et de l'honneur, malgré les murmures de l'intérêt » et de l'amour-propre?

» Où est celui, aux mains duquel des chances favorables » auront mis la fortune d'autrui, et qui ne craindra pas de » s'avilir en cherchant à se dissimuler l'erreur qu'il commet en » la retenant?

» Où est celui qui, à votre place, ne tenterait pas d'appuyer » victorieusement quelqu'adroite supposition, de tout le crédit » de sa famille, et qui, connaissant le monde, n'espérerait pas » de trouver dans le succès le plus honteux même, l'oubli d'une » faute si douce?

« Tel est cependant l'homme que j'ai encore espéré de trouver » en vous, Monsieur. C'est-là, ce me semble, un assez noble » témoignage de l'opinion que j'en ai conservée, pour faire » excuser, s'il est nécessaire, ce qui a pu se glisser ici de désa- » gréable malgré moi ».

Il ne me reste donc aujourd'hui qu'à dire à Mr. de Lalive ou bien à mon beau-père : l'opinion publique que je saurai invoquer à propos, aura bientôt fait justice de vous; et vous regretterez incessamment les ménagemens méconnus du prudent adversaire que vous avez provoqué. D'ailleurs, le tems fuit sans doute, mais l'*éternité* demeure, et les *vengeances célestes* dont vous vous croyez mission de m'épouvanter, ne sont-elles donc, selon vous, réservées qu'à moi seul?

Quoique vous fassiez, d'autant plus coupable que vous étiez prémuni, pensez-vous en être exempt ? Vous vous êtes joué *des choses saintes* que je sais respecter, croyez-moi, tout autrement que vous. Vous vous êtes joué du nom sacré de Dieu et du *jugement dernier.*

Victime ainsi désignée, j'ose en appeler dans une humble confiance à la bonté comme à la justice suprême, et ne m'est-il pas permis de vous crier à mon tour : gardez que la voix céleste ne profère inopinément contre vous le terrible *venite ad judicium* ?

Taillepied de la Garenne.

CINQUIÈME LETTRE

INCIDENTE

ENTRE LES TROISIÈME ET QUATRIÈME LETTRES

de Mr. de Lalive.

15 Avril 1818.

N'ESPÉREZ pas vous soustraire au jugement de vos pairs), que vous n'avez pas rougi d'invoquer au moment même où vous le redoutiez le plus), sans être atteint du juste mépris que le public réserve à celui qui manque à ses devoirs et forfait à l'honneur.

Le porteur de la présente me rapportera votre réponse à ce sujet, ou bien, attendu l'embarras dans lequel je vous suppose de l'exprimer par écrit, j'interpréterai votre silence négativement.

Taillepied de la Garenne.

SIXIÈME LETTRE

SERVANT DE CONCLUSION ET DE DERNIÈRE RÉPLIQUE

Aux diverses Objections Reproduites par Mr. de Lalive,

DE VIVE VOIX ET PAR ÉCRIT.

25 Mai 1818.

Vous vous envelopperiez vainement dans les replis du reptile, vous emprunteriez en vain ses facultés fugitives. Je vous suivrai dans vos inhabiles détours. S'il vous fût resté quelques notions de délicatesse et de loyauté, je vous aurais gagné ; mais il en est autrement, et puisqu'il est vrai que la raison, l'honneur et l'équité ont perdu sur vous tout empire, je m'armerai de la verge sacrée, et je vous frapperai jusque sur le cœur (1).

L'éclat de votre chûte, le ridicule amer qui la doit accompagner, se seront aggravés en proportion des étranges soins que

(1) Extrait de l'ancien Testament.

vous avez apportés à l'éloigner. Choisissez, il le faut enfin ; choisissez, vous l'avez voulu, de l'infamie qui couvre celui qui calomnie ses proches, pour les spolier en toute sécurité, ou de l'infamie qui s'imprime au front de l'ennemi déloyal, qui prétend outrager impunément.

Mais que les expressions du plus souverain mépris le cèdent encore pour mieux faire partager mon indignation, à tout le calme de la raison qui doit dépouiller les puérilités que mon honorable beau-père a jugé à propos de me prodiguer par écrit et de vive voix, et dont il entoure le refus qu'il m'adresse d'en déférer au jugement de ses pairs.

Mr. de Lalive n'exige pas, sans doute, que j'admire complaisamment avec lui toutes les actions de *sa vie entière*, sans en excepter une. Qu'il en tire donc, s'il lui plaît, pour conséquence son infaillibilité passée, présente et à venir. Il y aurait tout à la fois dureté et présomption de ma part, à lui arracher l'heureuse et consolante certitude qu'il croit avoir de n'être jamais atteint de l'amertume de mes reproches, de n'être jamais humilié par la candeur de mes expressions, qu'il consent à prendre pour des injures, et qui, selon lui, se trouvent démenties d'office, grace sans doute à l'idée avantageuse qu'il a de son infaillibilité. Cependant, lorsqu'il avance avec cette bonhommie exquise qui le caractérise essentiellement, et pour dernière réplique à mes dernières objections assez notables assurément, *qu'il a répondu à toutes les inculpations relatives à la charge d'Introducteur des Ambassadeurs*, le moyen de ne pas reconnaître que le poids des charges qui l'écrase, le réduit au silence; que sa cause est insoutenable; qu'il demeure sans réplique et reste confondu, nonobstant son infaillibilité tant soit peu compromise?

Rien encore de plus simple jusqu'ici, que la réponse de Mr. de Lalive; mais un certain mouvement d'embarras, lorsqu'il s'agit d'éluder le jugement de ses pairs, se manifeste dans son style, et, précurseur de la crise qui va s'opérer, décèle qu'il comprend fort bien qu'il s'agit pour lui de choisir entre son intérêt et sa réputation : ce sont trois phrases d'une duplicité suffisamment gauche, adroitement obscures, et dont l'œil le moins exercé aperçoit facilement les contradictions qu'il destine à parer à d'aussi fâcheux résultats.

Mr. de Lalive prétend en premier lieu *qu'il a refusé bien positivement l'arbitrage*, et qu'il le devait faire, *afin qu'il ne fût pas répété, devant témoins, des horreurs d'une personne qu'il estime* (Mr. Rouillé), toutes choses d'ailleurs peu favorables à la réputation de Mme. de Lalive.

Il affirme ensuite *que j'ai très-faussement interprété le sens de son appel à Messieurs les Chevaliers de St.-Louis, lorsque*, selon lui, *je l'ai provoqué en en appelant à la croix dont il est décoré*, et qu'il m'a adressé cette menace. Il était seulement question *de décider lequel de nous deux manquait aux lois de l'honneur, de celui qui menaçait d'imprimer* du mal *de sa mère* et des personnes que Mr. de Lalive estime, *ou bien de celui qui se montrait* si déterminé *à se refuser à l'horreur d'être tué par le fils de sa femme.* Enfin et pour couronner l'œuvre, *il me déclare* que, si je persiste, *que, si j'ose l'attaquerpubliquement, il en appellera* sérieusement *à l'association de Messieurs les Chevaliers de St.-Louis; que si j'imprime un seul mot contre lui, il publiera lui-même ma correspondance toute entière, ainsi que la sienne.* Il ajoute enfin, *qu'il déclarera quel est l'homme qui l'attaque.*

Grace à la vertu magique de ces misérables sophismes, voilà bien l'appel au jugement de ses pairs, décidément éludé, et, qui plus est, j'en suis encore menacé. Il m'est définitivement interdit de crier justice, de passer outre, ou bien, si je franchis d'une ligne, même à l'égard de mon généreux beau-père, les bornes du respectueux silence qui paraît lui convenir à tous égards; je dois m'attendre à le voir ajouter à tous ses titres à mon estime et à ma reconnaissance, le nouveau bienfait d'imprimer des infamies de son invention contre son beau-fils. Il me menace d'imprimer encore tous les secrets, merveilleux pour lui, qui nous sont communs, que je voudrais pouvoir à jamais ensevelir entre nous, mais qui, par la crainte qu'il affecte de leur publicité, lui servent de prétexte pour échapper au jugement impartial, devant lequel il recule aujourd'hui, tandis que, par la menace de les divulguer lui-même, il prétend parvenir à étouffer mes plaintes. En un mot, il a franchi toutes les difficultés, il a atteint le double but, très-moral en effet, de jouir paisiblement de ce qu'il a adroitement usurpé.

Quelle interprétation dénuée de sens, prétendez-vous donner

à votre appel à l'association ? Et faut-il donc y répondre sérieusement. Quoi ? lorsque j'en ai appelé à votre croix, il ne s'agissait d'après vous que de décider si votre honneur et le mien étaient plus ou moins compromis dans deux faits, dans deux actions parfaitement indépendantes de notre volonté commune, comme le sont de ma part la menace d'imprimer, et de la vôtre le refus de toute espèce de réparation ? Et n'est-il pas évident qu'il ne pouvait s'agir et qu'il ne s'agissait effectivement que d'un seul et même fait, duquel l'honneur de l'un de nous ne pouvait ressortir intact, qu'aux dépens de celui de l'autre? N'est-il pas évident qu'il s'agissait purement et simplement du droit que je pouvais me croire, à exiger de vous justice ou réparation, les devoirs d'un parent ou bien ceux d'un ennemi, et des droits que vous prétendiez avoir à vous refuser à l'un et l'autre de ces devoirs ?

Encore ne craignez-vous pas de dire, qu'il y a peu de bravoure de ma part à attaquer un homme qui ne saurait se défendre ; pourquoi donc parlez-vous sans cesse d'attaque et de provocation? Hé, Monsieur, de quoi prétendez-vous vous embarrasser ! Quel autre que vous-même pourrait s'aveugler, au point de méconnaître que s'il vous fût resté quelque horreur d'être injuste, vous n'auriez jamais eu à m'entretenir de l'horreur de nous entretuer? Vos craintes sont d'ailleurs aussi trop puériles ; tant que vous ne vous exposerez pas, on ne vous tuera pas ; soyez donc au moins, à cet égard, en toute sécurité.

Sans doute c'était une idée tout autrement heureuse, bien que suggérée par les sentimens les moins recommandables, que de vous appuyer de mon respect filial, et de me menacer de m'en faire franchir les bornes malgré moi-même. Mais il n'est plus tems, l'honneur outragé ne connaît pas de frein; il doit entraîner dans sa propre chûte tous ceux qui en sont la cause, sans qu'aucune considération humaine puisse l'arrêter. Mon nom appartient à ma famille et à mes descendans; il ne saurait m'appartenir de le sacrifier à celui de mes ascendans qui m'a si mal aidé à le soutenir. C'est moi, c'est ma postérité toute entière que vous avez ruinée, que vous avez cruellement outragée, en m'éloignant, ainsi qu'elle, du poste honorable auquel le Prince avait daigné me rappeler, et je ne saurais reconnaître de véritable faiblesse de cœur, imitez-moi si vous l'osez, qu'à être injuste ou bien à supporter la honte.

D'ailleurs, sans m'aveugler sur cette affreuse publicité qui me désespère, tandis que vous en faites un jeu, ne dois-je pas espérer que l'opinion en rejettera sur vous tout l'odieux? Votre intérêt n'a rien connu de sacré; il ne saurait ménager votre propre délicatesse compromise dans cette même divulgation. Quelle autre impulsion que celle de la cupidité, vous force à vous conduire si indignement à mon égard, et me réduit à la cruelle extrémité de mettre au jour jusqu'aux premières sources de vos calomnies? Quelle autre impulsion que la cupidité, vous force à rejeter un arbitrage dans lequel cette publicité se serait trouvée anéantie. Supposé même, ce que votre mauvaise foi avance, et que la réalité dément, qu'il eût fallu porter tout à la connaissance de nos juges, pour décider entre nous; quel honorable motif a' pu vous éloigner de comprimer ce fâcheux éclat dans ce cercle étroit sagement composé, et pour ainsi dire, sans danger pour nous?

· Mais que sert, hélas! de faire parler devant vous le langage de la raison? Je me perds dans mes pensées, et je cherche inutilement de quoi se peut composer votre caractère, dans lequel domine sans contredit une simplicité rien moins qu'innocente. Me croira-t-on, si je rapporte vos propres paroles? Me croira-t-on, si vous ne les eussiez répétées partout ailleurs que devant moi? Ma charge est superbe; de quelque manière que Mr. de la Garenne s'y fût pris avec moi, il n'en aurait jamais rien eu. *Elle est très belle ma charge, je viens encore d'en refuser cent mille écus, il n'en aura jamais rien.*

Vit-on jamais dépasser à ce point toutes les bornes de la pudeur? C'est vous-même qui m'éclairez; ce que le bruit public m'avait fait pressentir sans pouvoir me déterminer à y croire, vous seul êtes parvenu à me le persuader. Non, sans doute, votre excessive générosité ne vous aurait assurément pas permis de disposer si gratuitement en faveur de Mr. de Rémuzat, tout à la fois de votre adjonction, de votre survivance, et encore de 5,000 fr. prélevés sur les émolumens de la charge, et c'est bien 100 ou 200,000 fr., comme on le dit, que vous avez reçus de ses mains, que vous m'avez dérobés, et que vous défendez aujourd'hui.

Comment expliquer autrement vos refus à mon égard, que

vous prétendez fondés sur le tort que vous craignez de faire à Mr. de Rémuzat (1)? Auriez-vous autrement balancé même un seul instant, entre faire planer la ruine et le déshonneur sur une famille à laquelle vous vous deviez, ou bien à restreindre un bienfait, en en épurant la source selon les principes de la justice et de la légitimité?

Ainsi se confond encore et d'après vous-même, cette misérable objection que vous reproduisez, en cherchant à me représenter votre charge comme une faveur nouvelle et indépendante de nos droits antérieurs. Ce sont effectivement les intérêts de ma fortune que vous recevez, en touchant les émolumens de la charge; c'est effectivement de mon bien dont vous avez probablement retiré 200,000 fr. de Mr. de Rémuzat, et c'est de mon bien dont vous pouvez retirer selon vous-même, les 100,000 écus qu'on vous offre.

Obtenez-donc l'agrément du Roi à cet effet. Quand vous

(1) Il semblerait que Mr. de Lalive ne puisse exhaler dans cette affaire que des sons incohérens, dont le sens apparent se trouve démenti par la moindre réflexion. Soit qu'il ait reçu ou non de Mr. de Rémuzat, et bien qu'il lui ait assuré le quart de ses émolumens, la portion dont il jouit encore lui-même, depuis trois ans que je réclame, et depuis trois mois que nous discutons, n'est-elle donc pas à sa libre disposition? Et à qui pourrait-il prétendre faire tort, en la partageant avec moi?

Peut-être Mr. de Lalive ne se serait-il pas montré si difficile sur le sacrifice que j'exigeais de lui, s'il eût été informé que le Roi vient de récompenser, avec sa générosité accoutumée, la délicate retenue qu'il a daigné reconnaître de la part d'un des Officiers de sa maison, qui a su s'abstenir religieusement de solliciter l'office vacant, auquel il aurait pu faire valoir, avec succès, de nouveaux droits, mais qui, réclamé par le fils de l'ancien titulaire, vient de lui être accordé.

m'aurez donné 150,000 fr. d'une part, 50 ou 100,000 fr. de l'autre, alors et seulement alors vous n'aurez plus rien à moi; vous ne me devrez plus que la réparation de votre conduite passée (2).

Jusque-là et quoique vous puissiez faire, l'opinion ne vous reconnaîtra que l'ignoble but de retenir le mien; elle recevra, comme j'ai droit de l'espérer, les nouvelles calomnies, de la publicité desquelles vous me menacez encore, pour parvenir au même résultat. Elle fera la part de celui qui, attaqué dans ses biens et dans son honneur, use du droit d'une légitime défense; elle fera la part de celui qui soutient avec le plus coupable entêtement et par des moyens que je m'abstiens de qualifier, la plus insigne usurpation.

C'est à regret, mais la patience m'échappe. Ne croirait-on pas deviner que ce pourrait bien être autant sur vous que sur lui-même, qu'a pris modèle l'un de ces deux Messieurs Rouillé que vous avez investi de votre estime, de votre tendresse; que vous vous montrez si jaloux d'accueillir, lorsque dans une admirable proclamation destinée à soulever le peuple contre ses maîtres, et qui ne laisse aucun doute sur son éminente exagération, il a désigné le parti royaliste et la noblesse comme

(2) Nos princes ont une délicatesse et une pureté d'intention, qui se manifestent quelquefois d'une manière difficile à comprendre pour la sécheresse et la stérilité de certaines ames. Les lumières que la discussion a répandues sur toute cette affaire, m'ont convaincu qu'en laissant à Mr. de Lalive le choix d'un adjoint, Sa Majeste avait ainsi ménagé à mon beau-père la faculté de participer, en me désignant lui-même à ce titre, au bienfait que sa bonté royale daignait me destiner.

uniquement composés d'intrigans sans courage, d'ignorans sans moyens, de fripons déhontés. En effet, sans fripons point de dupes, et certes, je me trompe fort, ou vous n'êtes pas la mienne!

Quant à moi, j'en appelle, il le faut, à l'élite de la société, à cette portion éclairée et judicieuse du public, chez laquelle se sont conservés intactes, la délicatesse, riche de ses plus belles nuances, et tous les sentimens honorables qui seuls ont pu faire le lustre de la nation, la gloire de nos pères, et le plus ferme soutien de la monarchie. C'est elle que je supplie de juger la position trop difficile dans laquelle on m'a placé. Elle daignera considérer que si j'ai été réduit à compromettre ma délicatesse à ses yeux, il s'agissait enfin du bien le plus cher au monde, de demeurer honorable devant elle.

Taillepied de la Garenne.

Considérations générales

Relatives au même sujet.

J'ai accompli tout ce qu'exigeait ma pénible situation; je ne dois rien espérer de l'étrange adversaire que le sort m'a réservé, et ce serait méconnaître la sublimité de la raison, que d'essayer encore de lui faire entendre son langage. Tout ce que m'avait suggéré le desir de concilier les véritables intérêts de Mr. de Lalive avec les miens, n'a réussi qu'à me donner la conviction intime de l'impossibilité du succès. Ce n'est pas qu'il n'ait senti la nécessité de s'avancer de quelques propositions, et qu'ébloui de son crédit imaginaire, il n'ait tenté d'anéantir à la fois et mes droits et mes plaintes, en m'offrant un poste tout étranger à mes réclamations, persuadé, toutefois, qu'il aurait assez de pouvoir pour m'en éloigner à son gré. Mais Mr. de Lalive pense-t-il me faire abandonner de légitimes espérances pour usurper à mon tour un nouvel état que ses intrigues seraient parvenues à me ménager?

Qu'il cesse de compter sur le crédit de sa famille, et de s'abuser sur l'appui qu'il s'en promet, plus il la suppose puissante, plus il devrait comprendre qu'elle se gardera d'élever la voix en faveur de la cause inique qu'il soutient. Il est des principes invariables, et desquels les hommes en crédit ne sauraient s'écarter sans compromettre et leur nom et leur propre existence. La légitimité, c'est-à-dire, les droits assurés, les droits consacrés par les lois fondamentales sur lesquelles repose l'ordre social, ne peut être assujétie aux éternels caprices de mille factions diverses. Elle survit, immuable qu'elle est, à la chute même des empires; elle est encore, au milieu des bouleversemens et de l'anarchie, la condition inébranlable de toute société humaine, et sans elle, sans l'ordre dont elle est le seul garant, les corps politiques ne sauraient se réorganiser.

Nos publicistes modernes, infatigables novateurs, qui prétendent nous entraîner encore par leurs paradoxes politiques, et dont l'esprit systématique semble se plaire à suivre une marche contraire à celle que l'expérience a sévèrement prescrite, ne reconnaîtront-ils jamais que, bien loin d'obtenir quelques succès, leurs innovations, après avoir forcé à des exceptions choquantes et contradictoires à leur système, les raméneront à des généralités stériles?

Pour qu'un peuple soit peuple, dit Rousseau, il faut qu'il statue qu'il est peuple. Voilà un droit ou bien une loi fondamentale de la communauté, mais pour que le peuple vive dans la paix, dans l'union, et selon l'ordre politique, il faut garantir à chaque particulier ses droits subséquens, son existence publique et privée, selon le rang où la nature l'a placé ; et ces droits désormais légitimes, ne doivent pas même le céder aux nobles succès d'un mérite éminemment utile, non plus qu'aux succès d'une industrie recommandable, qui deviennent des droits sacrés à leur tour.

En effet, comme l'inégalité des conditions plus anciennes que toutes les sociétés humaines, se trouve établie parmi nous, si la légitimité ne reste pas pour base de nos conventions, l'état ne peut exister, chacun voulant alors usurper les droits d'autrui. C'est donc en vain qu'on chercherait à détruire la légitimité, puisqu'elle est un des élémens constitutifs du corps politique, et rien n'est plus funeste que ces déclamations, qui donnent aux peuples une trop haute idée de leurs droits naturels. Cette doctrine les porte successivement de l'insubordination à la révolte. Ils supposent leurs droits inaliénables, ainsi que l'impriment sans cesse quelques écrivains, et bientôt, entraînés par leur folle prétention, ils se soulèvent pour les reconquérir ; le droit de propriété même est remis en doute, et la société entière ébranlée jusques dans ses bases, devient alors victime de ces crises révolutionnaires, trop souvent accompagnées de l'effusion du sang humain, et qui, n'étant d'aucun intérêt réel, ne peuvent amener qu'à des résultats insignifians, sous le rapport de l'intérêt général, en rejetant au milieu d'une majorité dont il faudrait se réduire sagement à adoucir le sort, quelques familles élevées, dont la place se trouve aussitôt remplie par le plus adroit et premier occupant, qu'on voit assez rarement sortir des rangs de cette même majorité.

Il faut bien admettre que la raison d'état peut, en consacrant ces changemens, justifier l'abolition de quelques droits légitimes, et la ruine des individus qui en sont devenus victimes : tels eussent été les fidèles serviteurs du Roi, si sa bonté ne se fut étendue sur eux. Mais si ce Prince, en rappelant Mr. de Lalive comme en lui laissant la faculté de m'adjoindre à ses fonctions, a daigné reconnaître qu'aucune raison d'état n'était aujourd'hui de nature à nous ravir nos droits antérieurs, c'est donc la cupidité de Mr. de Lalive qui le porte seul à ne reconnaître aucuns devoirs sacrés, et rien au monde de légitime.

www.ingramcontent.com/pod-product-compliance
Ingram Content Group UK Ltd.
Pitfield, Milton Keynes, MK11 3LW, UK
UKHW020937180726
13838UKWH00002B/997